Le Pouvoir de la Discipline Positive

7 Techniques Faciles pour Renforcer la Volonté, Améliorer la Résistance Mentale et Atteindre tes Objectifs Sans Effort

Logan Mind

EMOTIONAL INTELLIGENCE
for Social Success

FREE DOWNLOAD: pxl.to/loganmindfreebook

LOGAN MIND

EXTRAS

https://pxl.to/LoganMind

Books

Workbooks

FREE GIFTS

Review Team

Audiobooks

Contacts

CLICK NOW!

@loganmindpsychology

Obtenez Votre Livre Gratuit !

En guise de remerciement pour votre achat, je vous offre le livre **Intelligence Emotionnelle pour le Succès Social** GRATUITEMENT à mes lecteurs.

À l'intérieur du livre, vous découvrirez :

- Comment lire et influencer les émotions des autres
- Techniques pour gérer et utiliser efficacement vos propres émotions
- Stratégies pour établir des relations personnelles et professionnelles plus solides
- Idées pour améliorer les compétences sociales pour une vie plus épanouie
- Conseils pratiques pour renforcer l'empathie et la compréhension

Si vous souhaitez maîtriser les compétences pour améliorer vos interactions sociales et construire de meilleures relations, assurez-vous de récupérer le livre gratuit.

Comment obtenir le livre :

- Suivez le lien ci-dessous
- Cliquez sur Livre Gratuit
- Insérez la langue

Pour accéder immédiatement, rendez-vous sur : https://pxl.to/LoganMind

Comment télécharger vos extras

Bienvenue! Ce livre promet de vous équiper des outils et des techniques pour exploiter le pouvoir de l'autodiscipline positive. Mais pourquoi s'arrêter là? Imaginez disposer de ressources supplémentaires à portée de main pour rendre votre **parcours** plus fluide et enrichissant. C'est pourquoi je propose des **extras incroyablement précieux** pour vous aider à **appliquer immédiatement ce que vous apprenez**, renforcer votre volonté et maintenir vos progrès.

Ces extras sont conçus pour servir de **système de soutien complémentaire** à votre pratique de l'autodiscipline, le rendant plus facile et **plus efficace**:

- **Défi de 21 jours**: Un guide pratique étape par étape pour démarrer votre discipline et créer de l'élan.
- **101+ Citations Motivantes pour la Volonté**: Des inspirations rapides pour vous garder motivé et concentré.
- **Checklist des Habitudes Quotidiennes**: Structurée pour vous aider à suivre et maintenir vos nouvelles habitudes positives.
- **Bonus: Intelligence Émotionnelle pour le Succès Social**: Une ressource complète pour améliorer vos compétences interpersonnelles.

Suivez ces étapes simples pour télécharger vos extras:

- Suivez le lien ci-dessous
- Cliquez sur la couverture du livre
- Cliquez sur EXTRAS
- Insérez la langue que vous parlez
- Cliquez sur Télécharger
- Téléchargez à partir de la page qui s'ouvre ensuite.

Consultez les extras ici:

https://pxl.to/LoganMind

Intéressé par d'autres livres ?

Trouvez-vous de la valeur dans ce livre ? Imaginez à quel point votre compréhension pourrait devenir plus profonde avec des lectures complémentaires sur des sujets connexes. **Explorer** différents aspects de la croissance personnelle ne fera que consolider et élargir les gains immenses que vous avez déjà réalisés.

- **Ténacité mentale et résilience :**

Alors que vous avez maîtrisé les techniques de ce livre, développer une ténacité mentale est une autre pierre angulaire critique. Ma prochaine sortie se concentre sur la construction d'un état d'esprit indomptable pour affronter gracieusement les défis de la vie. Cet ajout à votre lecture s'harmonisera avec vos apprentissages actuels et vous rendra encore plus résilient.

- **Pleine conscience et méditation :**

Être discipliné est, bien sûr, vital. Mais associer votre nouvelle discipline à la pleine conscience et à la méditation peut considérablement amplifier votre vie quotidienne. Dans mon guide structuré, vous trouverez des techniques pratiques pour atteindre la sérénité et la concentration grâce à des pratiques attentives. Attendez-vous à le trouver en rayon très bientôt.

- **Astuces de productivité et habitudes :**

Maximiser le pouvoir des actions disciplinées nécessite une gestion efficace du temps et des habitudes qui soutiennent vos objectifs.

Mon livre récemment publié explore des astuces de productivité puissantes qui peuvent transformer une routine banale en un flux de travail optimisé. Cette ressource est conçue sur mesure pour compléter tout ce que vous avez tiré de vos lectures actuelles.

Ces lectures complémentaires approfondiront non seulement votre compréhension de l'autodiscipline positive, mais enrichiront considérablement votre parcours global de croissance personnelle.

Intéressé à accéder à plus de mes œuvres ? **Suivez le lien** ci-dessous :

- **Consultez les livres et les contacts ici** :

https://pxl.to/LoganMind

Rejoignez mon équipe de critique !

Merci infiniment d'avoir lu mon livre ! Votre soutien signific beaucoup pour moi, et je suis ravi d'offrir une opportunité aux lecteurs comme vous de devenir une partie intégrante de mon **équipe de critique**.

Si vous aimez lire et êtes impatient de mettre la main sur de nouveaux livres, j'adorerais vous avoir à bord. En rejoignant mon **équipe ARC**, vous recevrez des copies gratuites de mes prochains livres en échange de vos retours honnêtes. Ces retours sont inestimables et m'aident à m'améliorer à chaque sortie.

Voici comment vous pouvez rejoindre :

- Cliquez sur le lien ou scannez le code QR ci-dessous.
- Cliquez sur la couverture du livre sur la page qui s'ouvre.
- Cliquez sur "Rejoindre l'équipe de critique".
- Inscrivez-vous à BookSprout.
- Recevez une notification chaque fois que je publie un nouveau livre.

Découvrez l'équipe ici :

https://pxl.to/LoganMind

Introduction

"La discipline personnelle est le pouvoir magique qui vous rend pratiquement invincible."

Ces mots vous parlent-ils? Vous intriguent-ils un peu, comment certaines personnes semblent posséder une force presque magique qui les propulse vers leurs objectifs, tandis que le reste d'entre nous luttent contre la procrastination et le doute de soi?

Voici ce que j'ai appris en coachant d'innombrables individus et en travaillant avec certains des esprits les plus vifs des industries de pointe : ce n'est pas de la magie, c'est **la discipline**. Plus précisément, c'est **la discipline positive**. Vous vous demandez peut-être ce qui distingue la discipline positive de la discipline personnelle que nous avons tous tentée à un moment ou à un autre, avec des degrés de succès variables.

Dans ce livre, je vais vous aider à comprendre cette distinction. Soyons réalistes : nous luttons tous à un moment donné pour rester engagés envers nos objectifs. Il peut s'agir de maintenir une routine de remise en forme, de résister à ce morceau de gâteau supplémentaire, ou de mener à bien un projet difficile au travail. Le contenu ici est conçu pour renforcer votre volonté, renforcer votre résistance mentale, et finalement—oui, **avec confiance**—vous aider à atteindre vos objectifs sans les difficultés habituelles.

Je veux que vous réfléchissiez aux frustrations auxquelles vous êtes confronté chaque jour. Peut-être s'agit-il de procrastiner sur des projets importants. Ou peut-être que c'est cette critique intérieure qui vous rabaisse. Faites-moi confiance, je sais à quel point ces obstacles peuvent être paralysants car je les ai également affrontés. Les avantages que vous tirerez de la lecture de ce livre sont immenses. Vous acquerrez des techniques perspicaces alignées sur le comportement humain et la psychologie, des méthodes que j'ai à la fois étudiées et appliquées lors de mes séances de coaching avec des cadres et des particuliers.

Voici pourquoi vous pouvez avoir confiance en ce que je partage avec vous. Mon travail a toujours consisté à combler le fossé entre les théories psychologiques pompeuses et leur application dans le monde réel. Pensez à ce livre comme votre pont personnel. Mes racines sont profondes dans la rigueur académique—j'ai passé toute une vie plongé dans l'étude et l'application pratique de la psychologie, de la philosophie et de la communication. Ayant eu l'occasion de travailler avec différentes organisations et leurs dirigeants, j'ai vu de mes propres yeux comment l'emploi d'une discipline positive transforme des vies entières—la mienne incluse.

Bon, assez parlé de moi ! Parlons de ce que vous allez découvrir dans ce livre. Il est structuré en parties qui se complètent, comme les couches d'un gâteau très motivant. Nous commençons par poser les bases, en nous plongeant réellement dans la science de la façon dont la discipline fonctionne dans les parties du cerveau et pourquoi nos émotions sont profondément liées à notre maîtrise de soi. Cette base scientifique est nécessaire pour apporter une approche mesurable et durable à la discipline personnelle. Croyez-moi, savoir *comment* la volonté fonctionne dans votre cerveau est étrangement puissant.

Ensuite, nous explorons le terrain psychologique derrière la croissance personnelle. Vous voyez, le changement est une grande affaire et surmonter notre biais inhérent en faveur du statu quo (Oui, cela signifie sortir de nos zones de confort confortables) nécessite une réflexion stratégique. Et c'est ici que nous parlons de formuler votre vision de la croissance personnelle, soutenue par des concepts psychologiques astucieux.

Ensuite, nous plongeons profondément dans le concept qui me fascine profondément—la résistance mentale. C'est là que nous assemblons comment améliorer votre concentration, renforcer vos capacités cognitives et améliorer votre contrôle des impulsions.

Mais hey, construire un gratte-ciel sans une base solide ne se termine pas très bien, n'est-ce pas? Ainsi, la Partie 2 concerne la préparation au succès. De la définition d'objectifs intentionnels, *intelligents* à la construction d'habitudes qui garantissent une positivité à long terme—nous décomposons des stratégies qui préparent le terrain pour un succès durable. Je veux dire, qui savait qu'il existe une méthode comme le "WOOP", hein? Indice : cela signifie Wish, Outcome, Obstacle et Plan. Nous allons au-delà des idées abstraites pour vous donner des routines concrètes, que ce soit dans votre nutrition, votre sommeil, ou simplement pour mieux gérer votre temps.

Et parce que chaque chemin vers le succès est semé de défis, vous apprendrez à surmonter des obstacles courants comme la procrastination et à faire face à l'inconfort. Croyez-moi, ce sont des obstacles spécifiques que nous connaissons tous un peu trop bien !

Enfin, dans la Partie 3, nous mettrons nos connaissances en pratique avec des idées sur la gestion du temps et la mise en œuvre de la discipline personnelle de manière transparente dans les activités quotidiennes. Obtenir des résultats durables ne consiste pas à travailler dur jour après jour—c'est un équilibre entre une motivation soutenue et un repos efficace.

Voici votre appel à l'action : plongez dans ces chapitres, savourez chaque technique, et appliquez ce qui vous semble vrai. Utilisez ce livre comme votre plan personnel pour construire la vie que vous visez. Tout ce qu'il faut, c'est une touche de **discipline personnelle positive**—une compétence que vous êtes tout à fait capable de cultiver.

Êtes-vous prêt à commencer la transformation? Plongez dans le prochain chapitre, et commençons ce voyage vers un vous plus discipliné et plein de volonté !

Partie 1 : Poser les bases

Chapitre 1 : La Science de la Discipline Positive

"L'essence de la vraie discipline est motivée par l'amour, pas par la peur."

Réfléchissons à la discipline pendant une seconde – pourquoi en avons-nous besoin ? Ce chapitre plonge dans le *monde incroyable* de la **discipline positive** et nous aide à comprendre pourquoi elle est vraiment importante. Maintenant, imagine ceci : Tu essaies de finir tes devoirs, mais les distractions sont partout. C'est tellement frustrant, n'est-ce pas ? C'est là que la discipline positive entre en jeu, combinant la gentillesse et des règles claires.

Tu apprendras sur *le contrôle de soi* et pourquoi ce n'est pas seulement la volonté qui te permet de surmonter les tâches difficiles. Nos cerveaux ont un plan biologique pour la *volonté* – un peu comme une arme secrète ! As-tu déjà demandé pourquoi tes émotions semblent souvent saboter tes meilleures intentions ? Nous creuserons aussi cela, en parlant de comment nos sentiments jouent un rôle *énorme* dans notre réussite ou notre échec.

Plus important encore, la discipline positive ne concerne pas seulement le fait de faire mieux à l'école ou au travail ; elle offre aussi des avantages incroyables pour ta *santé mentale* ! Imagine te sentir plus détendu et moins stressé parce que tu as développé de bonnes habitudes.

Alors… allons-y ! Parce que comprendre la discipline positive peut vraiment changer la donne pour toi. Ne manque pas ça. Plonge dans ce chapitre pour trouver des réponses à ces questions persistantes et, qui sait, peut-être découvrir un nouveau toi en chemin. Prêt ? C'est parti !

Comprendre la Discipline Positive

Alors, parlons de ce que signifie réellement la **discipline positive**. La discipline positive se concentre sur l'enseignement et le guidage plutôt que sur la punition. Pensez-y comme une façon "douce" de guider quelqu'un – un enfant ou même vous-même – vers de meilleurs choix. Elle vise à favoriser le respect, un sens des responsabilités et la capacité de penser de manière indépendante.

En revanche, la discipline punitive concerne la peine et la punition. Cette approche pourrait "fonctionner" à court terme pour réduire les comportements inappropriés par la peur, mais elle engendre souvent du ressentiment, de la défiance, voire encore plus de comportements inappropriés avec le temps. C'est comme écraser une mouche avec un marteau – certes, vous pourriez attraper la mouche, mais vous risquez probablement de faire plus de mal que de bien.

La discipline positive exploite le renforcement par l'encouragement et le soutien. Nous avons tous envie d'être félicités, n'est-ce pas ? Tout le monde prospère grâce à la reconnaissance, en entendant "Tu as fait du bon travail !" ou "Je suis fier de toi !" L'encouragement élève une personne – il pose les bases de l'efficacité personnelle, la croyance que vous pouvez affronter les défis de la vie. Par exemple, féliciter un enfant pour ses efforts pour ranger sa chambre, même si ce n'est pas parfait, le fera plus probablement se sentir bien et vouloir continuer à bien faire. Comparez cela avec ne jamais dire un mot ou punir pour de petits désordres – qu'y a-t-il d'inspirant là-dedans ?

L'idée est simple : l'encouragement favorise un changement comportemental à long terme. Lorsque vous êtes soutenu et que vous vous sentez capable, vous êtes plus susceptible de continuer à vous améliorer. "La discipline positive consiste à guider plutôt qu'à punir, en se concentrant sur l'enseignement et le guidage de quelqu'un vers la bonne voie de manière soutenante." Lorsque nous nous sentons vus et soutenus, nous sommes plus enclins à viser mieux, à gérer les revers avec plus de grâce, et à maintenir ces bons comportements sur le long terme.

Il y a ce concept en science du comportement connu sous le nom d'"effet de renforcement". Essentiellement, le renforcement positif (comme féliciter un bon comportement) rend ce comportement plus susceptible de se reproduire. Dans un environnement de soutien, les gens sont beaucoup plus ouverts à apporter des changements positifs durables. Imaginez à quel point cela peut être impactant non seulement pour les enfants, mais pour tout le monde essayant d'adopter de nouvelles habitudes, comme se mettre en forme ou étudier régulièrement.

Pour mettre cela en pratique, voici quelques conseils :

- Offrez des félicitations et des récompenses pour les étapes franchies, peu importe à quel point elles peuvent sembler petites. Tout le monde aime les étoiles en or – pas seulement les enfants.
- Divisez les tâches en étapes gérables. Comprendre ce qui doit être fait rend la tâche moins intimidante et plus réalisable.
- Adoptez une pensée positive envers vous-même. Dites des choses comme "Je suis sur la bonne voie" ou "Chaque effort compte".
- Utilisez les erreurs comme des opportunités d'apprentissage plutôt que des moments pour distribuer des punitions ou des critiques.

En se concentrant sur ces petites actions de soutien, la discipline positive favorise une mentalité de croissance. Lorsque cette approche est appliquée de manière cohérente, les personnes – qu'il s'agisse de jeunes enfants ou d'adultes – seront plus motivées, résilientes et autonomes. De plus, qui n'apprécie pas les retours constructifs plutôt que les critiques sévères ?

En fin de compte, l'essence de la discipline positive réside dans l'encouragement d'une perspective progressive, avançant pas à pas. Elle reconnaît que les humains sont intrinsèquement motivés par la gentillesse et le soutien, une incitation douce dans la bonne direction. Les punitions peuvent temporairement réprimer des comportements indésirables, voire instiller la peur, mais elles ne favorisent pas un changement ou une croissance durables. La discipline positive, en revanche, cultive un environnement où les individus se sentent en sécurité et encouragés à apprendre de leurs erreurs. C'est, sans aucun doute, un moyen plus durable et humain de favoriser des améliorations comportementales cohérentes, ouvrant la voie à un développement personnel à la fois sincère et durable.

Ainsi, lorsque nous parlons de changer positivement un comportement, il s'agit de renforcer le bien et de s'éloigner des actions qui pourraient rabaisser quelqu'un – car le chemin vers devenir de meilleures personnes s'épanouit toujours mieux dans un environnement riche en soutien, soin et positivité.

Les bases biologiques de l'autodiscipline.

D'accord, parlons de ce qui se passe dans nos cerveaux lorsque nous essayons de contrôler nos impulsions. Pour commencer, nous devons nous pencher sur le **cortex préfrontal**. Cette partie du cerveau, juste derrière votre front, est comme le gestionnaire d'un bureau occupé. Il supervise la **prise de décision**, la **planification**, et fondamentalement, tout ce dont nous avons besoin pour organiser nos vies. Lorsque vous essayez de résister à ce petit biscuit en trop ou de surmonter une tâche difficile, c'est votre cortex préfrontal qui travaille.

Maintenant, ce qui guide les actions du cortex préfrontal ce sont les **neurotransmetteurs** - ces messagers chimiques sont comme de petits facteurs livrant des informations importantes dans tout le cerveau. La **dopamine**, par exemple, joue un rôle crucial. Elle est souvent appelée le "produit chimique de la récompense" car elle aide à réguler le plaisir et le renforcement. Lorsque vous réussissez à résister à la tentation, votre cerveau libère un peu de dopamine comme un signal de "bon travail". La **sérotonine** est un autre acteur clé, maintenant notre humeur et notre comportement en équilibre, de sorte que nous nous sentons bien mais restons également calmes et rationnels. C'est comme avoir un bon ami pour vous aider à rester calme.

D'un point de vue **évolutif**, notre autodiscipline a commencé à l'époque où nos premiers ancêtres devaient gérer les ressources et planifier des chasses. La capacité de regarder vers l'avenir et de se préparer pour le futur était cruciale pour la survie. Ils devaient contrôler leurs impulsions pour s'assurer qu'ils avaient suffisamment à manger en période difficile et se protéger des menaces naturelles. C'est comme si nos instincts anciens nous avaient laissé cette capacité incroyable à réfléchir, à planifier à l'avance et à rester patients - des qualités qui ont été affinées au fil de milliers d'années.

Ce qui est curieux, c'est comment cela s'inscrit dans la vie quotidienne. Vous êtes-vous déjà surpris à divaguer pendant une tâche ennuyeuse ? C'est parce que le cortex préfrontal se fatigue, comme les muscles après un entraînement. C'est pourquoi après une journée remplie de prises de décisions, vous pourriez vous sentir complètement épuisé. De manière intéressante, cette fatigue mentale affecte de manière similaire l'autodiscipline. Lorsque le cortex préfrontal est surchargé, il est plus difficile de résister aux tentations ou de rester concentré, c'est pourquoi le repos et une bonne nutrition aident réellement votre volonté.

Il est indéniable que ces éléments biologiques façonnent notre exercice de l'autodiscipline. Le cortex préfrontal mène la charge, soutenu par des neurotransmetteurs tels que la dopamine et la sérotonine, tandis que le côté évolutif explique pourquoi nous avons même ces capacités. Cet aspect essentiel du fonctionnement de notre cerveau a évolué pour s'assurer que nous ne réagissons pas seulement par impulsion mais que nous considérons également les implications futures de nos actions - une preuve qui résonne depuis la préhistoire jusqu'au monde moderne d'aujourd'hui.

"Plus nous comprenons les subtilités du cerveau, mieux nous sommes équipés pour gérer notre comportement de manière à construire un moi conscient plus sain."

Pensez-y de cette façon : nous ne sommes pas simplement à la merci de nos humeurs ou de nos caprices ; la science agit un peu comme une équipe, nous soutenant. Alors, abordons l'autodiscipline avec notre cortex préfrontal fonctionnant à plein régime et ces neurotransmetteurs faisant leur part, sachant que nous avons un avantage évolutif profond de notre côté.

Comment fonctionne la volonté dans le cerveau

La **science du cerveau** a une manière vraiment intéressante de nous montrer comment fonctionne réellement la **volonté**. Ce n'est pas juste une force magique. La **prise de décision** implique plusieurs parties de votre cerveau. Imaginez celui qui est en charge - le **cortex préfrontal**. C'est l'exécutif de votre cerveau ! Cette partie vous aide à voir les options, à peser les conséquences et à faire des choix. Mais elle ne le fait pas seule. Elle reçoit de l'aide d'autres zones du cerveau, y compris le **système limbique**, qui gère vos envies et vos réponses émotionnelles.

Pendant la **prise de décision**, ces systèmes déclenchent une sorte de tiraillement. Imaginez un côté qui veut ce donut, l'autre qui pousse pour une collation plus saine. Épuiser ce puissant cortex préfrontal se produit lorsque vous avez besoin de volonté de manière répétée sur une courte période. Plus vous prenez de décisions, plus vous vous sentez épuisé. C'est ce qu'on appelle la "fatigue décisionnelle" et c'est soutenu par une science intéressante.

C'est là que le **glucose** entre en jeu. En manque de glucose et notre maîtrise de soi diminue. Ce sucre alimente notre activité cérébrale. Beaucoup de volonté sur une courte période ? Cela épuise le glucose plus rapidement. Imaginez-vous travailler toute la journée et résister à la tentation de grignoter sous stress. Ça vous dit quelque chose ? À mesure que les réserves de glucose diminuent, votre capacité à résister à la tentation s'affaiblit. C'est presque comme si votre cerveau avait besoin d'un carburant régulier pour diriger le navire.

Pour maintenir ces niveaux de glucose stables, des repas petits et réguliers qui nourrissent semblent être un plan intelligent, n'est-ce pas ? De cette façon, votre cerveau reçoit l'approvisionnement dont il a besoin pour rester proactif dans la résistance à la tentation.

Ensuite, il y a la partie vraiment encourageante - renforcer la volonté par la pratique. Il s'avère que la volonté est comme un muscle. **Avec une utilisation régulière, elle peut devenir plus forte avec le temps.** Les chercheurs soulignent que les exercices de volonté, tout comme les exercices physiques, renforcent son endurance globale. Cela peut sembler simple mais apporter de petits changements, comme résister à une cuillerée de crème glacée supplémentaire ou choisir de lire avant de se coucher plutôt que de regarder une émission en rafale, pourrait aider à renforcer la volonté avec le temps.

Un truc qui pourrait vous intéresser ? Établissez des routines quotidiennes. Créer des habitudes réduit le besoin de prendre des décisions, préservant ainsi cette énergie précieuse. Ou garder votre espace de travail propre pourrait aider à éviter de petites distractions, vous permettant ainsi de conserver cette puissance mentale pour des tâches plus difficiles.

Pensez à la volonté comme une force mentale qui peut être renforcée par l'entraînement. Cela rend l'atteinte de vos objectifs plus gérable - pas une question de lutte ! Adoptez les exigences de la vie avec un état d'esprit plus résilient.

Le secret réside dans la *compréhension* et *l'appréciation* de ce jeu de résistance mentale. Cette approche crée une machine à volonté plus forte et plus fiable.

Donc la prochaine fois, face à des décisions, pourquoi ne pas vous orienter doucement vers ces petites bonnes habitudes ? Même celles qui semblent être des étapes minimales renforcent votre moteur interne de volonté. Que ce soit en intégrant régulièrement de courtes séances d'exercice ou en rangeant votre bureau, ces actions renforcent votre résistance mentale. S'engager à maintenir les améliorations peut façonner une routine pour renforcer votre volonté sans avoir l'impression de faire un grand effort.

En utilisant ces techniques de manière avisée, vous pouvez contrôler la barre de la discipline, alimenter cette puissance mentale avec le glucose insaisissable et regarder joyeusement votre muscle de prise de décision commencer à pencher vers vos objectifs. Endurer davantage, mais lutter moins - c'est la science qui booste nos ambitions, réduit la fatigue mentale.

Utilisons la "neuroscience" pour concocter un coup équilibré d'énergie cérébrale puissante !

Cela s'aligne parfaitement avec les cerveaux ici. Ne stressez pas pour toutes les décisions ; mettez les habitudes au travail.

Le rôle des émotions dans l'autodiscipline

Les émotions jouent un rôle important dans l'autodiscipline. Pensez à ces moments où vous avez été submergé par vos sentiments. Peut-être étiez-vous très fatigué ou super excité, et vos plans ont un peu dérapé. C'est parce que les émotions ont cette façon de s'insinuer et d'influencer nos décisions. Quand vous êtes heureux, triste ou stressé, il est facile pour la maîtrise de soi de passer au second plan.

Un des plus grands impacts des émotions sur la discipline est la **régulation émotionnelle**. Cela signifie à quel point vous pouvez gérer et contrôler vos émotions. Quand les émotions sont chaotiques, l'autodiscipline peut sembler presque impossible. Garder son calme, même lorsque les choses tournent mal, aide à respecter les décisions et à éviter les réactions impulsives. Mais comment faire quand les émotions sont si fortes ?

Les déclencheurs émotionnels sont un autre défi. Les déclencheurs sont ces petites choses qui déclenchent de grandes réactions. Par exemple, s'ennuyer pourrait vous pousser à regarder des séries à la chaîne au lieu de travailler, ou le stress pourrait vous pousser vers la nourriture réconfortante. Les déclencheurs courants incluent :

- **Le stress :** Il vous pousse à rechercher des solutions rapides, comme la malbouffe ou sauter les séances d'entraînement.
- **La fatigue :** La fatigue abaisse vos défenses, rendant plus facile de céder à la tentation.
- **L'excitation :** Être très heureux peut vous donner l'impression d'être invincible... et peut-être un peu risqué dans vos décisions.

Alors, quel est le truc pour gérer ces émotions pour une meilleure discipline ? Il existe certaines techniques qui peuvent vraiment aider. La **pleine conscience** est un bon début. Être conscient de vos émotions au fur et à mesure qu'elles viennent et vont vous empêche de perdre le contrôle. Vous pouvez vous demander, "Ai-je vraiment faim, ou suis-je juste stressé ?" Cette petite pause donne suffisamment d'espace pour choisir judicieusement.

Une autre stratégie utile est les **exercices de respiration**. Des techniques simples de respiration profonde calment le corps et l'esprit, aidant à réinitialiser ces sentiments intenses. Essayez la prochaine fois que vous ressentez une forte émotion : inspirez pendant quatre temps, retenez pendant quatre temps, et expirez pendant quatre temps.

Il est également précieux de tenir des **journaux émotionnels**. Noter vos émotions et ce qui les a déclenchées peut donner des insights surprenants. Reconnaître les schémas aide à anticiper et à planifier pour ces déclencheurs à l'avenir.

Mais les émotions ne sont pas que des mauvaises nouvelles. Utiliser les émotions positives peut grandement *soutenir* votre autodiscipline. Se sentir fier de petites réussites peut alimenter la motivation, rendant plus facile de suivre votre plan. Le renforcement positif aide à créer des habitudes durables.

Une histoire me vient en tête à propos d'un ami, appelons-le John. John avait du mal avec la discipline, surtout lorsqu'il était stressé par le travail. Il a admis qu'il avait souvent recours à la nourriture pour gérer le stress. Après avoir commencé à reconnaître ses schémas de stress - en utilisant un journal et en pratiquant la pleine conscience - les choses ont changé. En connaissant ses déclencheurs, il pouvait préparer des collations saines et parfois simplement faire une petite promenade pour se changer les idées. Des petits pas, mais qui ont fait une grande différence.

"Quand les émotions prennent le contrôle de l'esprit, l'autodiscipline est la première victime."

Dans un monde qui semble souvent chaotique, gérer notre monde intérieur peut être simple mais puissant. Il s'agit d'être conscient de nos émotions, de les anticiper et d'avoir un plan. Comme on dit, les émotions sont comme des vagues ; nous ne pouvons pas les arrêter mais nous pouvons choisir celles sur lesquelles surfer.

Avantages de la Discipline Positive sur la Santé Mentale

D'accord, allons droit au but. Pratiquer la discipline positive apporte tellement d'avantages à votre **bien-être mental** que vous vous demanderez pourquoi vous n'avez pas commencé plus tôt. Une **anxiété** et un **stress** réduits sont comme les effets immédiats et perceptibles. Lorsque vous définissez des objectifs clairs et atteignables ainsi que des règles pour vous-même, vous constatez que les incertitudes de la vie commencent à devenir gérables.

Disons que vous avez une grosse échéance qui plane sur vous, cela peut être une grande source d'anxiété, non ? Lorsque vous divisez cela en étapes (et suivez ce plan de manière disciplinée), cela semble juste moins écrasant. C'est comme enlever un poids énorme de vos épaules. Vous ressentez ce sentiment de "je peux le faire", même lorsque les choses sont difficiles.

Une autre grande chose à propos de la discipline positive est qu'elle vous enseigne la **résilience** et les **compétences d'adaptation**. La vie est pleine de défis et d'imprévus, et tout cela peut devenir assez stressant. La partie intéressante est que lorsque vous développez la discipline personnelle, vous vous préparez essentiellement à mieux gérer ces situations. Lorsque vous suivez régulièrement des routines disciplinées, telles que faire de l'exercice ou entretenir un passe-temps, vous entraînez votre esprit à rester fort, même en période difficile. Cela développe une force mentale avec le temps, transformant chaque petit défi en une pierre de touche plutôt qu'en un obstacle.

Au fait, avez-vous déjà remarqué comment certaines personnes semblent beaucoup plus heureuses et satisfaites de leur vie ? Il y a de fortes chances que beaucoup d'entre elles pratiquent la discipline positive. Avoir une approche structurée envers vos objectifs peut vous rendre plus satisfait. Pensez-y de cette façon : savoir où vous allez et ce que vous devez faire pour y arriver vous rend plus sûr de vous, ce qui contribue directement au bien-être global. Vous ne vous promenez pas sans but ; vous avez un objectif - une direction.

Et ce n'est pas seulement à propos des objectifs importants qui changent la vie. Des habitudes quotidiennes telles que la **pleine conscience**, l'exercice régulier et des habitudes de sommeil cohérentes contribuent énormément. Imaginez vous réveiller chaque jour en sachant que vous travaillez régulièrement à vous améliorer. Vos efforts peuvent sembler minimes au jour le jour, mais ils s'accumulent avec le temps, améliorant considérablement votre qualité de vie et votre satisfaction.

De petits pas, faits avec discipline, mènent à de grands changements.

Lorsque vous commencez à voir des progrès grâce à vos efforts disciplinés, cela renforce votre confiance. Vous commencez à vous sentir accompli, et ce sentiment de réussite imprègne d'autres domaines de votre vie. Vous devenez plus optimiste, prêt à relever de nouveaux défis car vous avez vu les résultats positifs du comportement discipliné.

Alors décomposons un peu tout cela avec quelques points clés :

- **Réduction de l'anxiété et du stress :** Des objectifs structurés maintiennent les incertitudes de la vie sous contrôle.
- **Amélioration de la résilience et des compétences d'adaptation :** Les disciplines quotidiennes renforcent la force mentale, rendant les défis plus gérables.
- **Amélioration globale du bien-être et de la satisfaction dans la vie :** Des efforts réalisables et cohérents donnent un sentiment de but et de direction.

Et voilà - juste pratiquer la discipline positive peut vraiment changer les choses pour vous. La vie n'est soudainement plus une succession d'évitements de stress, elle devient plutôt une série de tâches gérables vous conduisant vers une vie plus heureuse et épanouissante. Vous n'êtes plus impuissant au sein du chaos de la vie, grâce à la clarté et à la structure que la discipline personnelle apporte. Cela ne fait pas que répondre à votre santé mentale actuelle, mais établit également une base solide pour votre bien-être futur.

Chapitre 2 : La Psychologie Derrière le Changement

"Le changement est le résultat final de tout apprentissage authentique."

Le changement est difficile, n'est-ce pas ? Nous avons tous ressenti l'attraction tenace de rester avec ce que nous connaissons, même lorsque nous savons qu'il existe de meilleures options. Ce chapitre dévoile les tendances de notre comportement avec l'aide de la psychologie - cela promet d'être intrigant.

Nous **découvrirons** pourquoi rester dans notre zone de confort semble sécurisant en abordant notre Biais de Statu Quo. Mais le confort a souvent un prix, stimulant nos peurs et nos tendances à l'aversion des pertes. (Tout le monde est passé par là - vous n'êtes pas seul.)

Pourtant, ce n'est pas un récit de malheurs. C'est une feuille de route avec des solutions. Imaginez surmonter vos peurs, écraser vos appréhensions. Ça a l'air cool, non ? Et que diriez-vous de **développer une résilience grâce à la Pensée Positive** ? Oui, c'est possible et en fait assez stupéfiant.

Et attendez - nous n'en restons pas là. Changer votre état d'esprit peut sembler magique, débloquant de nouveaux chemins. Le fait est qu'un changement dans notre manière de voir le monde peut tout changer.

Enfin, nous travaillerons sur **la création d'une Vision de Croissance Personnelle**. Parce que lorsque vous imaginez une meilleure version de vous-même, le changement ne semble pas seulement obligatoire - il semble excitant. Prêt pour ce voyage enrichissant ? Ce chapitre détient les clés... Un vous amélioré vous attend !

Surmonter le biais de l'état actuel

Être coincé dans des habitudes familières donne une sensation de sécurité et de confort. Vous vous réveillez, suivez la routine habituelle, et c'est un cycle trop confortable pour être rompu. C'est ce que nous appelons le **"confort de la familiarité."** Il y a une certaine chaleur à savoir à quoi s'attendre chaque jour, et qui n'aime pas une vie sans surprises?

Pour comprendre pourquoi nous nous accrochons à ce confort, il est crucial de repérer comment les comportements automatiques prennent le dessus. Ce sont des actions que nous effectuons sans pensée consciente. Par exemple, prendre ce café du matin en allant au travail ou s'affaler directement sur le canapé après l'école pour regarder une série. Ces comportements ne sont pas mauvais en soi, mais lorsqu'ils nous empêchent de faire de meilleurs choix... ils doivent être remis en question.

Identifier ces comportements automatiques revient à remarquer le mode automatique dans votre vie quotidienne. Vous êtes-vous déjà surpris à grignoter des collations tout en regardant la télévision sans vous en rendre compte? C'est le pilote automatique. Ou avez-vous réalisé que votre téléphone était dans votre main sans vous souvenir l'avoir pris? Encore le pilote automatique. Reconnaître ces moments est le premier *incitation* vers le changement.

Ensuite, parlons de **remettre en question ces comportements automatiques**. Cela ne signifie pas chambouler votre vie du jour au lendemain. Il s'agit de poser la simple question, "Pourquoi est-ce que je fais cela?" chaque fois que vous suivez une vieille habitude. Est-ce que prendre ce cookie supplémentaire est dû à la faim ou juste parce qu'il est 16 heures? Ce sont de petites interruptions comme celle-ci qui vous rendent plus conscient.

Pour **changer le statu quo**, commencez par de petits pas gérables. Les grands sauts semblent excitants mais ont tendance à s'essouffler à moins d'être prêts pour eux. Essayez plutôt ceci :

- Remplacer une collation saine par jour.
- Faire une petite marche au lieu de vous affaler instantanément sur le canapé.
- Consacrer 5 minutes à une nouvelle compétence ou passe-temps.

Chacune de ces actions à puces injecte une petite dose de nouveauté dans votre journée, ouvrant la voie à des changements plus importants plus tard. Imaginez des échanges simples, minuscules, plutôt que des changements monumentaux.

"Ce sont les petites habitudes, comment vous passez vos matinées, comment vous vous parlez, ce que vous lisez, ce que vous regardez... qui façonnent vos journées. Et vos journées... façonnent votre vie."

Faire ces premiers pas pose les bases pour s'attaquer à des habitudes plus substantielles plus tard. Une modification positive en entraîne une autre, créant progressivement une dynamique difficile à résister.

Mais chaque chemin a ses obstacles. **Retomber dans les anciennes habitudes** arrive, et c'est normal. La clé réside dans le fait de le reconnaître et de recommencer. Si vous avez manqué votre marche aujourd'hui, secouez-vous et utilisez les étapes pour bouger juste une fois demain. La flexibilité garantit que vous continuez sur ce chemin en évolution plutôt que des tentatives parfaites rigides.

En vous concentrant sur de petites actions, vous observez des changements sans vous sentir submergé. Bien sûr, le statu quo semble stable, inébranlable, et impose une sensation de sécurité. Rompre avec cela peut sembler effrayant, mais le changement progressif semble tout à fait réalisable.

Enfin, continuez à pousser ces comportements automatiques, en les remplaçant par des actions menant vers des objectifs... vous ne remarquerez même pas les anciennes habitudes s'éloigner. Avant même de vous en rendre compte, de nouvelles routines génèrent la même familiarité réconfortante. C'est le début d'un cycle, un cycle ascendant qui correspond à ce que vous désirez dans la vie. Rappelez-vous, faire de petits pas réguliers en avant - c'est là que la magie commence!

Surmonter la Peur et l'Aversion aux Pertes

Reconnaître les barrières émotionnelles au changement est essentiel. La **peur** et l'**aversion aux pertes** surgissent souvent à l'improviste et vous empêchent d'avancer. C'est cette voix intérieure qui chuchote, "Et si cela ne fonctionnait pas ?" Identifier ces émotions vous aide à prendre le contrôle au lieu de les laisser vous contrôler. Nous avons tous ces pensées, et les admettre est la première étape pour les surmonter.

Une façon de surmonter la peur est de la reformuler. Au lieu de voir la peur comme quelque chose qui vous paralysera, considérez-la comme un signe que vous êtes sur le point de grandir. La peur peut indiquer que ce que vous vous apprêtez à faire est important. Chaque fois que vous êtes confronté à une situation effrayante, demandez-vous : "De quoi ai-je peur de perdre ?" Cela change votre perspective d'une vision négative à une vision curieuse.

Il est judicieux de considérer l'exposition progressive comme une technique. Faire face à la possibilité de perte de manière progressive et gérable peut faire toute la différence. Imaginons que vous ayez peur de parler en public à cause de la crainte de vous ridiculiser. Commencez par parler devant un miroir ou à un petit groupe. Progressivement, à mesure que vous vous sentez plus à l'aise, augmentez la taille de l'auditoire. Cela vous aide à vous désensibiliser, permettant à l'anxiété de diminuer avec le temps.

Développer une résilience mentale implique de pratiquer ces stratégies de manière cohérente. Vous pourriez trouver utile de tenir un journal. Notez vos peurs et réévaluez-les régulièrement. Sont-elles toujours aussi effrayantes qu'au départ ? Peut-être pas. Parler à d'autres personnes peut également faire des merveilles. Elles pourraient offrir des perspectives que vous n'aviez pas envisagées auparavant.

Plusieurs concepts importants émergent lorsque l'on travaille sur la conquête de la peur et de l'aversion aux pertes. L'un d'eux est la réalisation que vous avez le pouvoir de changer votre perspective. Pensez à ce moment où vous avez agi contre votre comportement habituel basé sur la peur. N'était-ce pas libérateur ? Possédez cette sensation et utilisez-la comme carburant pour votre prochaine entreprise.

"La seule chose que nous ayons à craindre, c'est la peur elle-même."

Renoncer à l'idée selon laquelle vous devez éviter l'inconfort est crucial. L'inconfort précède souvent la croissance. Vous ressentez de l'inconfort lorsque vous essayez quelque chose de nouveau, mais cela finit par disparaître à mesure que vous devenez plus compétent. C'est là l'essence de sortir de votre zone de confort.

Envisagez des moyens pratiques de commencer petit, utilisez des tirets :

- Essayez d'introduire de petits changements dans vos routines.
- Pratiquez à prendre un peu plus la parole lors des réunions.
- Consacrez juste 5 minutes par jour à repousser une petite limite.

Ces petites victoires s'accumulent et créent un coussin de confiance pour les défis plus importants. Votre esprit commence à comprendre que la peur n'est pas un ennemi, mais un message indiquant que vous vous apprêtez à vous engager dans quelque chose de significatif.

Faites également usage de la visualisation. Imaginez non seulement le scénario catastrophe, mais aussi le meilleur scénario possible. Équilibrez les deux. Demandez-vous : "Quelle est la meilleure chose qui pourrait arriver ?" Cette seule question peut changer entièrement votre perspective, vous donnant une vision plus équilibrée.

Enfin, n'hésitez pas à vous récompenser après avoir atteint même les plus petits jalons. Cela favorise une boucle de renforcement positif, encourageant plus de courage dans les entreprises futures. Avec ces étapes, vous vous entraînez progressivement à réagir différemment à la peur et à l'aversion aux pertes, transformant ainsi les barrières émotionnelles en marches vers le succès.

Renforcer la résilience grâce à la pensée positive

Avoir une perspective optimiste change tout. Vous connaissez ces jours où tout se passe parfaitement ? C'est souvent l'état d'esprit au travail. L'optimisme peut prévenir le stress et vous aider à rebondir après des revers. C'est presque comme avoir un code de triche pour la vie. En plus, les bienfaits pour la santé ? Réduction du risque de maladies chroniques et une vie plus longue, voilà des raisons convaincantes.

Penser de manière positive peut renforcer la santé mentale comme rien d'autre. Cela peut sembler simple, mais ce n'est pas toujours facile. Compter ses bénédictions, voir les défis comme des opportunités (même les tracas quotidiens) peut changer votre état d'esprit. Tenez un "journal de gratitude". Notez trois bonnes choses chaque jour. C'est petit, mais cette pratique peut modifier votre attitude au fil du temps, rendant ainsi plus facile d'affronter les choses difficiles.

Maintenant, voici un truc cool : les affirmations quotidiennes. Cela peut sembler un peu ringard, n'est-ce pas ? Mais ça fonctionne. Les affirmations peuvent réellement changer vos schémas de pensée. Dites des choses comme "Je suis capable", "Je gère le changement avec grâce", "Mes revers me rendent plus fort", ou même "J'ai ce qu'il faut". Avec le temps, ces déclarations sont enregistrées comme des vérités dans votre cerveau.

Les stratégies cognitives jouent également un rôle important. Par exemple, remettre en question les pensées négatives peut arrêter la spirale descendante. Quand une pensée négative surgit (et cela arrive toujours), contrebalancez-la avec des faits. Si vous pensez, "Je ne vais jamais réussir cela", demandez-vous, "Quels sont les preuves de cela ?" Réaliste, la plupart d'entre nous avons réalisé beaucoup de choses, nous oublions juste sur le moment.

Pourquoi ne pas essayer quelques autres stratégies ?

- **Visualisation** : Imaginez-vous réussir. C'est comme pré-câbler votre cerveau pour le succès.
- **Pleine conscience** : Restez présent. Trop souvent, nous stressons à propos du futur ou nous attardons sur le passé. Être dans le moment peut repousser les pensées négatives.

La positivité ne consiste pas à ignorer les vrais problèmes ou à prétendre que tout est parfait. Il s'agit d'aborder les difficultés avec un état d'esprit orienté vers la résolution plutôt que l'évitement. Pensez à un bateau naviguant dans des conditions difficiles. Si vous vous concentrez uniquement sur la tempête, vous manquez toute opportunité de naviguer vers un meilleur temps. Cette citation résume bien cela :

"Ce n'est pas attendre que la tempête passe... C'est apprendre à danser sous la pluie."

Parlons maintenant d'une autre technique astucieuse : la compassion envers soi-même. Avez-vous déjà remarqué comment nous sommes plus gentils avec nos amis qu'avec nous-mêmes ? Être bienveillant envers vous-même lorsque vous échouez est puissant. Au lieu de vous critiquer, offrez-vous de la compréhension. "Il est normal d'échouer. Tout le monde le fait. Je peux apprendre et avancer."

Incorporez ces éléments dans votre quotidien :

- **Auto-discours positif** : Remplacez l'autocritique par des encouragements.
- **Fixation d'objectifs** : Définissez des objectifs réels et réalisables. Ils offrent une direction et un sentiment d'accomplissement une fois atteints.
- **Habitudes saines** : Bon sommeil, alimentation équilibrée, exercice... tout cela alimente un état d'esprit positif.

En reconnaissant l'impact de la pensée positive et en intégrant ces stratégies, la résilience devient presque une habitude. Bien sûr, c'est un processus qui ne se fera pas du jour au lendemain, mais chaque petit pas vous rapproche. Et ces jours difficiles ? Ils sembleront plus comme de petits obstacles que des montagnes insurmontables.

Le pouvoir des changements de mentalité

Lorsqu'on parle d'avancer dans la vie, il est étonnant de voir à quel point notre mentalité peut nous freiner ou nous pousser en avant. Vous avez peut-être entendu parler des mentalités fixes et de croissance. Dans les **mentalités fixes**, les gens croient que leurs capacités sont pratiquement figées, pensant qu'ils ne peuvent aller que jusqu'à un certain point. Ils ont tendance à éviter les défis car ils ont peur d'échouer. Pour eux, il ne s'agit pas d'essayer de s'améliorer - ils pensent que c'est juste une question de capacité et c'est tout.

D'un autre côté, une **mentalité de croissance** consiste à croire en l'expansion de ses capacités et à apprendre à travers les défis. Les personnes ayant cette mentalité n'évitent pas les choses difficiles; au contraire, elles les voient comme une opportunité de s'améliorer et d'apprendre. Vous êtes déjà passé par cette sensation où vous avez affronté quelque chose de difficile de front, et même si vous avez trébuché, vous en êtes ressorti beaucoup mieux ? C'est la pensée de croissance.

Adopter cette perspective de croissance n'est pas quelque chose qui se produit juste comme ça. Il faut un peu de travail. Une technique consiste à considérer les échecs comme des expériences d'apprentissage. Au lieu de penser "Je ne suis tout simplement pas bon dans ça", essayez de le changer en "Que puis-je apprendre de cela ?" Petit à petit, cela changera votre réaction par défaut aux défis. De plus, se fixer des objectifs plus petits et gérables peut aider à revoir votre façon de penser. Les "petits pas" vous permettent de prendre l'habitude de gagner et d'apprendre souvent.

Une autre idée super cool est de vous entourer de personnes ayant une mentalité positive, un peu comme avoir un bon équipage lorsque vous êtes en mission personnelle pour l'excellence. En voyant comment ils gèrent les problèmes, surmontent les défis et restent optimistes, cela déteint sur vous.

Maintenant, parlons de quelque chose qui ne reçoit pas assez de crédit : **la conscience de soi**. Savoir où vous en êtes, vos habitudes et comment fonctionne votre esprit peut être comme avoir un code de triche. Avec une meilleure conscience de soi, vous pouvez vous reprendre lorsque vous vous engagez dans une voie négative.

"Notre plus grande peur n'est pas que nous soyons inadéquats. Notre plus grande peur est que nous sommes puissants au-delà de toute mesure."

Pensez-y un instant. Parfois, il s'agit de reconnaître que vous avez beaucoup de force en vous, mais vous devez y accéder et *croire* que vous pouvez grandir.

Être plus conscient signifie prêter attention à votre dialogue intérieur. Êtes-vous votre pire critique ? Remarquez-le, puis changez la conversation dans votre tête. Ce n'est pas seulement "J'ai échoué", mais plutôt "Comment puis-je faire mieux la prochaine fois ?"

Voici quelques conseils rapides à garder à l'esprit :

- **Pratiquez l'auto-discours** : Gardez-le positif et encourageant.
- **Célébrez les petites victoires :** N'attendez pas les grandes victoires.
- **Cherchez des retours d'information :** Cela aide à savoir comment les autres perçoivent votre progrès aussi.

Ces efforts peuvent s'accumuler et changer votre perception des défis et des erreurs.

La conscience de soi est votre alliée ici. Faites attention à la façon dont vous vous parlez et réagissez aux moments difficiles. Plus vous saurez et vous ajusterez, plus vous sortirez de cette pensée fixe. Changez votre mentalité peu à peu avec un effort conscient et entourez-vous des bonnes influences. En transformant les échecs en tremplins, vous êtes déjà en route vers cet état d'esprit de croissance.

Alors, gardez un œil sur vos pensées intérieures et sur l'équipe avec laquelle vous traînez. À chaque pas vers une mentalité de croissance que vous faites, vous vous préparez à des réalisations plus grandes et meilleures.

Créer une vision pour la croissance personnelle

La croissance commence par l'établissement d'objectifs clairs et réalisables. Imaginez des objectifs vrais et convaincants qui ont du sens pour vous. Pensez à ce que vous voulez accomplir, **simplifiez** pour vous assurer que cela semble réalisable... Sans objectifs clairs, il est facile de s'égarer, de gaspiller de l'énergie dans des tâches qui ne mènent nulle part de significatif. Alors, quelle est une chose que vous voulez vraiment accomplir ?

La visualisation change la donne. Fermez les yeux, pensez à où vous vous voyez dans le futur. À quoi cela ressemble-t-il ? Comment vous sentez-vous dans ce moment de succès ? Cela peut sembler simple mais vous imaginer atteindre votre objectif peut renforcer votre engagement. La visualisation crée une image mentale de la réussite et la rend concrète, vous motivant à continuer d'avancer même lorsque les choses deviennent difficiles.

Pour visualiser efficacement, créez une scène dans votre esprit. Imaginez les couleurs, les sons et même les odeurs liés à votre réussite. Imaginez-vous accomplir des étapes en chemin, chacune vous rapprochant de l'objectif final. Cela construit une feuille de route mentale, gardant le chemin devant clair et défini.

Maintenant, parlons du développement d'un plan de croissance personnelle. Commencez par établir des jalons. Considérez-les comme des mini-objectifs qui vous guident vers le grand objectif. Avoir des points de contrôle plus petits et tangibles peut rendre un objectif massif moins intimidant. Notez-les, que ce soit dans un journal ou un tableau (ce qui fonctionne le mieux pour vous). Voir les progrès en noir et blanc peut être incroyablement satisfaisant.

Incluez ces points dans votre plan :

- **Actions Quotidiennes :** Réfléchissez aux habitudes ou tâches quotidiennes que vous devez adopter ou améliorer. La clé est la constance.
- **Échéancier :** Fixez-vous des délais. Ils créent un sentiment d'urgence.
- **Ressources Nécessaires :** Préparez une liste de livres, tutoriels, ou même de personnes qui pourraient vous aider.
- **Système de Récompenses :** Offrez-vous des récompenses lorsque vous atteignez des jalons. Célébrer de petites victoires maintient le moral haut.

Beaucoup de gens sous-estiment le pouvoir de la récompense, mais célébrer les étapes en cours maintient l'enthousiasme. Après tout, ressentir de la joie dans de petites victoires rend l'ensemble du processus moins intimidant.

"Les gens réalisent souvent facilement ce qui semble vraiment difficile, une fois qu'ils décident que cela doit être fait..."

Ainsi, s'engager fermement envers ses objectifs ne consiste pas seulement à décider de viser haut ; c'est aussi de se connaître suffisamment pour élaborer un plan qui reflète votre rythme et votre style. Cela peut sembler être un travail supplémentaire, mais c'est cette base qui soutient votre croissance continue, un plan pour réussir sans se sentir submergé.

Les fluctuations de motivation sont normales. Tous les jours ne seront pas propices à l'énergie élevée nécessaire pour des progrès exceptionnels, mais avoir un plan vous donne un **élan** pour traverser les jours difficiles.

Croyez-moi, atteindre des objectifs à long terme découle largement de notre état d'esprit. Donc, restez ouvert à ajuster vos habitudes jusqu'à ce qu'elles vous conviennent parfaitement.

Créer une vision pour la croissance est un processus continu, mais cela prépare le terrain pour chaque grande réussite. Les rêves jettent les bases de la vision ; les plans et les actions la rendent réelle. Plus votre vision est claire aujourd'hui, plus votre réussite paraît solide et accessible demain.

Alors, quelle vision avez-vous pour votre croissance ?

Chapitre 3 : Principes fondamentaux de la résilience mentale

"La résilience mentale consiste à reconnaître que les choses ne se passent pas toujours comme prévu, mais à prendre le contrôle de sa réponse pour s'assurer qu'elles le fassent."

Prêt à découvrir ce qui maintient les athlètes au sommet de leur forme ou comment certaines personnes prospèrent sous la pression tandis que d'autres flanchent? **Ce chapitre vous guidera à travers les principes fondamentaux de la résilience mentale** afin que vous puissiez améliorer votre propre jeu mental.

Nous commencerons par comprendre ce qu'est réellement la résilience mentale - non, il ne s'agit pas seulement d'être fort. **Ensuite, nous explorerons comment renforcer les fonctions exécutives** peut augmenter votre endurance mentale. Nous mettrons en lumière la magie derrière le maintien d'une concentration laser et pourquoi la concentration joue un rôle vital.

Vous êtes-vous déjà demandé comment certaines personnes peuvent changer de vitesse sans effort lorsque les plans changent? **Développer la flexibilité cognitive** peut vous rendre adaptable dans n'importe quelle situation. Et n'oublions pas l'importance de **renforcer le contrôle des impulsions**, vous donnant le pouvoir de prendre des décisions plus judicieuses sous stress.

Vous vous sentez dépassé par les distractions ou perdez rapidement votre sang-froid? Vous n'êtes pas seul! Ces défis nous sollicitent nombreux chaque jour. Mais rassurez-vous - en **lisant ce chapitre**, vous acquerrez des connaissances pratiques et des stratégies pour renforcer votre résilience mentale. Il est temps de prendre le contrôle de votre esprit et de devenir l'individu résilient et concentré que vous aspirez à être!

Prêt à transformer votre état d'esprit? Plongez et dévoilez les secrets de la résilience mentale!

Qu'est-ce que la résilience mentale?

D'accord, explorons cela : la **résilience mentale** est un peu comme avoir un super pouvoir, mais pour votre cerveau. Ce n'est pas de la magie ; c'est faire de votre esprit votre allié le plus fort pour affronter les obstacles de la vie. La capacité de rebondir, surtout lorsque les choses tournent mal, c'est ce que nous appelons souvent la **résilience**. Imaginez—tout le monde rencontre un obstacle sur son chemin, mais la façon dont vous réagissez vous différencie. Au lieu de laisser l'obstacle vous abattre pour de bon, la résilience mentale vous permet de vous relever, de vous secouer et d'avancer. Cette résilience vous maintient dans la lutte, vous garde optimiste, et surtout, vous garde en mouvement.

L'engagement est une autre partie de la résilience mentale, et c'est de s'en tenir à ses objectifs—même lorsqu'ils semblent à un million de kilomètres. Avez-vous déjà pris une résolution du Nouvel An? C'est super facile de commencer et bien plus difficile de s'y tenir deux mois plus tard. C'est là qu'intervient l'engagement. C'est cette promesse inébranlable que vous vous faites de continuer quoi qu'il arrive. Vous n'abandonnez pas vos objectifs juste parce que des distractions ou des obstacles surgissent. Vous vous adaptez, vous ajustez, et vous continuez à viser cette ligne d'arrivée. La magie ici est la persistance—la force qui vous garde sur la bonne voie quand abandonner semble si tentant.

Rester calme sous pression, voilà la marque de fabrique d'une vraie **sang-froid**. C'est presque un art de rester calme lorsque tout autour de vous est chaotique. Imaginez être dans une dispute animée ou sous pression d'une date limite—une personne moyenne pourrait fuir ou s'effondrer. Quelqu'un avec une résilience mentale? Il garde son sang-froid. Ce n'est pas simplement de ne pas paniquer. C'est des réactions réfléchies et contrôlées, prendre de bonnes décisions lorsque le monde essaie de vous pousser en mode panique. C'est comme avoir un thermostat intérieur qui maintient votre température juste comme il faut, peu importe la chaleur de l'environnement.

Vous voyez, la résilience mentale ne consiste pas seulement à surmonter les défis ; c'est aussi à ajuster votre mentalité pour aborder les problèmes avec une attitude positive. Ce qui forme cette résilience, après tout, c'est la manière dont vous entraînez et prenez soin de votre état mental. Ce n'est pas seulement survivre aux moments difficiles—c'est prospérer en eux. Acquérir des compétences comme la résilience, l'engagement et le sang-froid ne se fait pas du jour au lendemain ; cela prend du temps et de la pratique. Et oui, il y aura des revers, mais :

"Ce n'est pas la distance que vous parcourez en tombant, mais la hauteur à laquelle vous rebondissez qui compte."

En regardant les choses de cette manière, les défis deviennent moins intimidants car vous ajustez votre point de vue pour les voir comme des opportunités—pour grandir ou renforcer vos capacités. Ce changement de pensée est transformateur, croyez-moi. Chaque hoquet est une pierre de touche plutôt qu'un obstacle.

La résilience mentale se croise également avec les tâches quotidiennes, croyez-le ou non. De la gestion des petits stress quotidiens à affronter un événement changeant votre vie, ceux qui maîtrisent la résilience, l'engagement et le sang-froid sont mieux équipés pour tout gérer sans perdre leur santé mentale ou leur direction. Ils possèdent cette ténacité intuitive, cette obstination innée à aller jusqu'au bout.

Donc, lorsque vous êtes en désaccord avec les aléas de la vie—quand les objectifs semblent loin ou lorsque la pression est suffisante pour vous faire craquer—rappelez-vous ces ingrédients clés. C'est votre résilience interne, cet engagement inébranlable et une tête froide (même lorsque tout le monde perd la sienne) qui vous porteront, non seulement intacts, mais meilleurs pour cela.

Renforcer les fonctions exécutives

Renforcer les fonctions exécutives implique de perfectionner certaines compétences essentielles que beaucoup d'entre nous peuvent négliger. Les **compétences en gestion du temps** sont à la base. Vous connaissez le scénario... les tâches s'accumulent sans fin en vue. Et le temps semble s'écouler de plus en plus rapidement à chaque minute. Une **gestion efficace du temps** n'est pas magique — c'est pratique. Fixez des blocs de temps spécifiques pour différentes activités au cours de votre journée et tenez-vous-y. Vous connaissez la technique Pomodoro? C'est un sauveur : 25 minutes de travail concentré suivies d'une pause de 5 minutes. Croyez-moi, ces petites pauses font des merveilles pour garder votre esprit frais.

Les **techniques de fixation d'objectifs** viennent ensuite. Un rêve sans plan n'est qu'un souhait, n'est-ce pas? La clé est de définir des objectifs SMART — Spécifiques, Mesurables, Atteignables, Pertinents et Temporels. Commencez par des étapes claires et petites pour atteindre le grand objectif. Pas à pas, vous trouverez les grands objectifs moins intimidants. Visualiser les petites étapes comme "terminer un chapitre de livre aujourd'hui" rend tout réalisable.

Les **processus de prise de décision** font partie de cet ensemble. Souvent, lorsque nous sommes confrontés à trop de choix, nous nous sentons paralysés. Au lieu de tergiverser, concentrez-vous sur la prise de décisions plus rapides et intentionnelles. Essayez ce truc : éliminez les choix dictés par les émotions; basez-vous sur les faits et évaluez vos options. Simplifiez vos pour et contre en priorisant ce qui satisfait le mieux vos objectifs et votre calendrier. Cela peut sembler trop simple, mais réduire les choix peut rapidement aiguiser vos capacités de prise de décision.

Établir une liste peut parfois aider :

- Notez vos tâches
- Classez-les par ordre
- Commencez par l'élément en haut de la liste
- Cochez-les une fois terminées

Remarquez-vous la satisfaction de cocher des choses? Cette action simple a un impact profond sur votre motivation et votre résistance mentale.

Parfois, il est utile de se rappeler que "Un objectif sans plan n'est qu'un souhait". Cela devrait rester en mémoire. C'est réfléchi — fondamental — et vous rappelle de prendre une voie actionnable vers vos plans (évitant tout espace de rêverie).

Et n'hésitez pas à déléguer; tout gérer soi-même ne reflète pas des fonctions exécutives solides mais limite le progrès. Lâchez un peu prise — ayez confiance que le travail d'équipe peut alléger votre charge.

Un point que vous ne pouvez pas négliger est l'**environnement**. Créer un environnement propice signifie moins de distractions. Mettez ce téléphone en mode "Ne pas déranger" et rangez votre espace de travail. Croyez-le ou non, le désencombrement peut servir de manifestation externe d'un esprit clair et concentré.

En dehors de cela, parlons un peu de **la rétroaction**. La rétroaction n'est pas seulement une critique ; lorsqu'elle est bien faite, elle planifie. Les retours positifs renforcent les bonnes habitudes, ajustent les faiblesses. Apprenez à apprécier les deux types. Cette ouverture d'esprit élève votre résistance mentale — un pilier essentiel dans des fonctions exécutives efficaces.

Et hé, ajoutons une touche de flexibilité. Oui, la structure et la discipline sont nécessaires, mais être flexible est tout aussi crucial. Parfois, les choses ne se dérouleront pas comme prévu, et c'est bien. Modifiez vos plans mais ne les abandonnez jamais. Ajustez votre calendrier ou votre méthodologie si nécessaire.

Parler aux autres aide à évaluer vos progrès également. Partagez vos objectifs, vos réussites et même les obstacles sur le chemin. Avoir cette communauté peut vous pousser en avant — vous pourriez obtenir des conseils utiles. La clarté et l'engagement suivront plus naturellement lorsque vos objectifs vous sont renvoyés.

Le progrès ne réside pas dans de grands gestes ; ce sont les efforts constants et petits qui s'accumulent avec le temps. Développez votre gestion du temps, vos compétences en fixation d'objectifs et vos forces en prise de décision pas à pas. Avant de vous en rendre compte, vous trouverez que ces principes fondamentaux façonnent votre chemin vers l'avant plus facilement que jamais.

L'importance de la concentration et de la focalisation

Alors, parlons de la concentration et de la focalisation. C'est comme régler une radio ; il faut trouver la bonne fréquence pour obtenir le meilleur signal. Dans ce monde rempli de distractions, cela peut parfois sembler presque impossible. Prenez un moment et réfléchissez vraiment - à quelle fréquence vous laissez-vous distraire lorsque vous vous installez pour faire quelque chose d'important?

Éliminer les distractions semble être la solution évidente, n'est-ce pas? Vous pourriez penser qu'il s'agit de mettre votre téléphone en mode silencieux ou de fermer vos onglets de médias sociaux. C'est essentiel, bien sûr, mais il y a plus à cela. Votre environnement compte - un espace de travail encombré peut être tout aussi distrayant qu'un bruit de fond. J'ai remarqué que lorsque mon bureau est en désordre, mon esprit l'est aussi. Parfois, organiser vos alentours peut clarifier vos pensées.

Maintenant, passons à la **pratique de la pleine conscience**... c'est là que vous baissez le volume de tout ce bruit dans votre tête. Essayez de consacrer quelques minutes chaque jour à simplement respirer et à vous concentrer sur rien d'autre que le moment présent. "Un esprit inattentif est comme une radio mal réglée entre les stations." Vous avez déjà entendu quelque chose comme ça auparavant? La pratique de la pleine conscience vous aide à reconnaître lorsque votre esprit commence à divaguer, et le guide doucement de retour.

Voici la chose : la pleine conscience ne consiste pas à vider votre esprit - c'est à prendre conscience de vos pensées. (Note annexe - Si vous n'avez pas encore essayé, commencez petit. Peut-être cinq minutes par jour. Faites-moi confiance, ça devient une habitude!)

Et puis, il y a l'art de **prioriser les tâches efficacement**. Jongler avec trop de choses à la fois dilue votre concentration. Apprendre à prioriser signifie comprendre ce qui a vraiment besoin de votre attention et s'attaquer à cela en premier. Faites une liste de tâches à faire. Mais voici le truc - ne traitez pas tout sur cette liste comme étant également important. Identifiez les tâches qui feront la plus grande différence et mettez-les en haut de la liste.

Conseils pour prioriser efficacement les tâches :

- Écrivez tout ce que vous devez faire.
- Identifiez les éléments les plus importants qui auront le plus d'impact.
- Concentrez-vous sur les terminer avant de passer à des tâches plus petites.
- Divisez les tâches plus grandes en parties plus petites et gérables.

Il est intéressant de voir comment éliminer les distractions, pratiquer la pleine conscience et prioriser les tâches sont tous liés. Ils ne sont pas séparés ; ce sont des pratiques interconnectées qui, combinées, créent un cadre solide pour vraiment affûter votre concentration.

N'oubliez pas, il s'agit de faire de petits changements cohérents qui améliorent votre capacité à vous concentrer peu à peu. (Cela peut sembler un peu étrange ou difficile au début, et c'est normal.) Continuez simplement, et vous verrez probablement des différences progressivement. Et qui sait, vous pourriez bien vous surprendre en accomplissant beaucoup plus, mais avec moins de stress et de frustration.

Développer la flexibilité cognitive

Développer la flexibilité cognitive consiste à se sentir à l'aise avec le changement et à être capable de regarder les choses sous différents angles. Cela semble simple mais est en réalité assez complexe, impliquant l'adaptabilité, l'acceptation de points de vue divers et un peu de réflexion créative.

Le changement est constant ; s'adapter à de nouvelles situations est une compétence fondamentale. Prenez par exemple le fait de déménager dans une nouvelle ville... ce n'est pas seulement une question de faire ses valises et de trouver une nouvelle maison. Il s'agit de s'adapter à un nouvel environnement, de se faire de nouvelles connaissances (qui pourraient être différentes de votre cercle social précédent) et de comprendre comment les choses fonctionnent dans ce nouvel endroit. C'est tout un défi, n'est-ce pas ? Certains trouvent le changement facile tandis que d'autres, moins. Le truc, c'est de rester flexible - de changer de casquette au besoin. Comme un caméléon qui s'adapte à son environnement, il s'agit de trouver ce qui fonctionne là où vous êtes.

En parlant de différentes perspectives, il nous arrive parfois de rester bloqués dans nos habitudes, n'est-ce pas ? Considérer les problèmes d'un seul point de vue n'est pas toujours utile. Examiner différentes opinions peut être très enrichissant. Par exemple, travailler avec des membres d'équipe qui apportent des expériences variées à la table peut élargir vos horizons. Plutôt que de rester campé sur vos positions, voir le problème du point de vue de quelqu'un d'autre peut conduire à de meilleures solutions - des solutions auxquelles vous n'auriez peut-être jamais pensé autrement.

"Vous n'êtes pas obligé d'être d'accord avec tout le monde, mais simplement prendre en compte leurs perspectives peut changer la donne."

Imaginez que vous êtes à une réunion et que quelqu'un propose une idée folle. Au lieu de la rejeter immédiatement, vous pouvez vous demander - et si cela fonctionnait ? C'est comme ouvrir la fenêtre pour laisser entrer de l'air frais ; cette idée pourrait avoir un potentiel caché ou ouvrir des voies que vous n'aviez pas envisagées.

Un aspect crucial souvent négligé est la façon dont nous résolvons les problèmes. Rester fidèle aux méthodes éprouvées est bien jusqu'à ce que ça ne le soit plus. C'est là que la créativité entre en jeu. Avez-vous déjà été confronté à une situation où les méthodes traditionnelles ne suffisaient tout simplement pas ? Penser différemment n'est pas toujours facile, mais cela peut faire toute la différence ! Faites un brainstorming, autorisez des idées bizarres, puis voyez ce qui ressort. C'est ainsi que naissent les innovations. Lors de ces séances de remue-méninges, rien n'est trop stupide au départ. Notez tout - vous trouverez probablement une pépite au milieu du chaos.

Voici quelques conseils :

- Expérimentez avec des scénarios "Et si" : Posez des questions différentes et parfois farfelues pour repousser les limites.
- Diversifiez vos apprentissages : Explorez des sujets au-delà de votre zone de confort.
- Ne craignez pas les erreurs : Voyez-les comme des opportunités d'apprentissage plutôt que des échecs.

Apprendre à s'adapter, accepter des points de vue différents du vôtre, et résoudre des problèmes de manière créative n'est pas quelque chose que vous maîtriserez du premier coup, mais avec de la pratique, cela deviendra naturel. Donc, lorsque vous êtes confronté à une nouvelle situation, ne reculez pas. Regardez-la, penchez la tête, et permettez-vous de la voir sous un autre angle. Vous pourriez vous surprendre de ce que vous allez trouver !

Renforcer le Contrôle de l'Impulsion

Au milieu du chaos quotidien, trouver des moyens de gérer nos impulsions peut sembler être un superpouvoir. Mais c'est plus simple que vous ne le pensez. Parlons de quelques techniques et stratégies.

Les **techniques de gratification différée** sont incroyablement précieuses. Pensez à elles comme à de petits exercices pour votre volonté. Tout le monde a entendu parler des tests de la guimauve sur les enfants, n'est-ce pas? Attendre peut en effet être difficile (croyez-moi, j'étais cet enfant qui échouerait, choisissant le cookie immédiatement), mais le pratiquer fréquemment de petites façons réalistes renforce le contrôle de l'impulsion au fil du temps.

- Fixez-vous de petits objectifs réalisables dans vos activités quotidiennes—attendez un peu plus longtemps avant de prendre cette collation ou de regarder votre téléphone.
- Récompensez-vous pour les réalisations dont vous êtes réellement fier après avoir délibérément attendu. Cela inculque la patience et la détermination.

Gérer le stress de manière efficace est un autre élément important du puzzle—il n'est pas un secret que le stress peut ruiner votre autodiscipline. Avoir des **stratégies de gestion du stress** compte pour le contrôle de l'impulsion.

- Pratiquer la pleine conscience ou des exercices simples de respiration peut atténuer le stress immédiat. C'est comme appuyer sur le bouton de réinitialisation dans votre cerveau.
- L'activité physique régulière aide à libérer les tensions accumulées et à améliorer votre humeur. Même une courte promenade peut faire des merveilles.
- Qui n'aime pas la musique? Souvent, écouter votre morceau préféré peut être le soulagement du stress nécessaire à ce moment pour vous empêcher de céder à vos impulsions.

Les **pratiques de régulation émotionnelle** sont également une partie intégrale. Notre état émotionnel peut souvent dicter notre comportement—enregistrer les émotions et savoir quand appuyer sur 'pause' fait une grande différence.

Les humains, en général, ne sont pas très doués pour la régulation émotionnelle; cependant, vous pouvez vous améliorer. Voici quelques façons simples:

- Tenir un journal—écrire vos sentiments quotidiennement peut aider à identifier les schémas et déclencheurs (par exemple, vous pourriez remarquer que vous avez terriblement envie de malbouffe quand vous vous ennuyez plutôt que d'avoir faim).

- Pratiquer l'étiquetage de vos émotions. Si vous êtes en colère, reconnaissez-le. Des déclarations simples comme "Je me sens frustré en ce moment" peuvent vraiment aider à atténuer l'intensité. Cela fait une différence surprenante…
- Partagez vos sentiments, même de manière informelle. Cela pourrait être autour d'un café avec un ami proche ou simplement en parlant seul. Verbaliser aide à démystifier les émotions et, n'est-ce pas agréable une fois que ces sentiments sont exprimés?

Plus souvent qu'autrement, c'est vraiment une question de patience. Ce n'est pas toujours une ligne droite, mais c'est fascinant si vous vous y tenez.

"La meilleure façon d'acquérir le contrôle de soi n'est pas par la force, mais avec compréhension et patience… de petits pas chaque jour apportent de grands changements avec le temps."

Les réalisations—grandes ou petites—commencent par la maîtrise de ses impulsions, de ses facteurs de stress et de ses émotions. Pensez-y comme un exercice mental quotidien; de petites actions aujourd'hui créent l'élan pour des changements plus importants demain.

Équilibrer ces trois aspects peut sembler jonglerie, mais vous vous y habituerez rapidement. Tout se résume à ceci: pour avancer vers le contrôle de l'impulsion, commencez petit, maintenez la conscience, et persévérez sans être trop dur envers vous-même.

S'engager dans les **techniques de contrôle de l'impulsion** rend certainement la vie plus gérable, plus agréable et beaucoup plus gratifiante. C'est comme entraîner un muscle—concentrez-vous sur des aspects significatifs, continuez à pratiquer, et observez la transformation se dérouler naturellement!

Partie 2 : Se préparer pour le succès

Chapitre 4 : Fixer des objectifs avec intention

"Le succès est la somme de petits efforts répétés jour après jour."

Fixer des objectifs peut souvent sembler écrasant, mais ce chapitre vous montrera comment simplifier ce processus avec intention. **Fixer des objectifs intentionnellement** ne consiste pas seulement à rêver en grand ; il s'agit également de créer un chemin pratique et clair vers la réalisation de ces rêves. La plupart du temps, les gens se sentent bloqués, incertains quant aux prochaines étapes à suivre.

Plongeons dans quelques méthodes puissantes que vous pouvez utiliser pour diriger votre énergie vers un établissement d'objectifs précis et efficace. Nous parlerons de l'élaboration des **objectifs SMART**, qui sont Spécifiques, Mesurables, Atteignables, Pertinents et Temporellement définis. Oui, il est possible de dissiper le brouillard autour de ce que vous voulez réaliser avec quelques étapes simples. Visualiser vos objectifs pour plus de clarté et explorer la méthode **WOOP** (Wish, Outcome, Obstacle, Plan) sont d'autres techniques que nous examinerons pour affiner votre concentration.

Avez-vous déjà entendu parler du modèle **GROW** ? C'est une autre façon fantastique de vous guider à travers vos objectifs. Pendant que vous y êtes, nous discuterons également de la manière dont les affirmations et le renforcement positif peuvent vous maintenir motivé.

À la fin de ce chapitre, vous disposerez d'une boîte à outils de stratégies pour fixer des objectifs solides et intentionnels. Prêt à commencer ? Transformez votre approche de vos aspirations !

Élaboration d'objectifs SMART pour le succès

Atteindre nos rêves demande plus que de simples pensées pieuses ; cela exige des étapes d'action claires. C'est là que les **objectifs SMART** entrent en jeu - ils sont le fondement du succès, tout comme avoir une carte détaillée lorsque l'on se lance dans un voyage. Alors, plongeons dans leurs cinq composantes pour voir comment ils peuvent transformer les aspirations en réalisations.

Les objectifs spécifiques sont clairs et précis. Pensez à la différence entre dire "Je veux être en meilleure santé" et "Je veux faire de l'exercice pendant 30 minutes, cinq jours par semaine." Ce dernier vous donne une cible définie et aide à éliminer toute ambiguïté. Il indique exactement ce que vous voulez et ce que vous devez faire pour y parvenir. Ainsi, en fixant des objectifs, se concentrer sur des détails comme « courir un 5 km en 2 mois » sera très bénéfique.

Ensuite, les objectifs doivent être **Mesurables**. Il est vraiment important de suivre votre progression avec des unités quantifiables. Imaginez vouloir "économiser plus d'argent." Cet objectif devient plus pratique - et moins écrasant - lorsqu'il est reformulé en "Économiser 200 $ chaque mois." Mesurer vous donne un moyen de suivre les progrès et de célébrer les étapes importantes en cours de route. Chaque petite réussite alimente la motivation pour continuer.

Passons maintenant à l'**Atteignable**, qui garde les choses ancrées dans la réalité. Fixer des objectifs réalistes et modestes garantit que nous ne nous mettons pas en échec. Atteignable signifie se fixer des objectifs réellement atteignables compte tenu de votre situation actuelle. Vous voulez gravir l'Everest mais vous n'avez même pas pratiqué la randonnée ? Commencez peut-être par quelques sommets locaux d'abord. Il est bon de rêver grand, mais si les étapes sont irréalistes, l'enthousiasme peut diminuer.

Pour que les objectifs aient une véritable valeur, ils doivent être **Pertinents**. Cela signifie que vos ambitions doivent correspondre à vos valeurs plus larges et à vos objectifs à long terme. Pourquoi viser une promotion si vous aspirez à passer plus de temps en famille ? La motivation faiblit si l'objectif ne résonne pas avec des valeurs plus profondes. Choisir des objectifs pertinents met de la sincérité et de l'émotion dans vos efforts, rendant chaque étape plus enrichissante.

Rien ne se passe sans date limite. C'est pourquoi les objectifs doivent être **Temporels** - avec une ligne d'arrivée à laquelle vous ne pouvez pas échapper. Un délai indéterminé conduit à la procrastination. Disons que vous voulez écrire un livre. C'est trop vague. Transformez-le en "Terminer le brouillon d'ici le 31 décembre." C'est incroyable comme une date limite solide peut susciter l'action.

L'élaboration de ces objectifs SMART suit des étapes simples.

- **Définir votre Cible**

   Décidez exactement ce que vous voulez réaliser. Pas de langage évasif ici - soyez clair.

- **Déterminer les Étapes Intermédiaires**

   Définissez de petits points de contrôle qui mènent à votre objectif final. Une série d'étapes intermédiaires est plus facile à aborder qu'un seul objectif énorme.

- **Vérification de Réalisme**

Demandez-vous : Est-ce faisable compte tenu de mes ressources et de mon temps ? Si oui, vérifiez à nouveau pour tout excès de contrainte ou de difficulté.

- **Confirmation de la Valeur**

  Pensez - est-ce quelque chose qui vous tient à cœur ? Est-ce en accord avec vos valeurs personnelles ?

- **Fixer une Date Limite**

  Créez un réel sentiment d'urgence en définissant une échéance explicite. Les dates réelles rendent les objectifs plus concrets et plus réalisables.

"Tout progrès se réalise en dehors de votre zone de confort." Nous permettre de rester dans ce qui est familier ne nous pousse pas vers la croissance et la réalisation de ces objectifs bien élaborés.

En fin de compte, pour que vos objectifs **SMART** résonnent fermement :

- Soyez spécifique : Décrivez à quoi ressemble pour vous l'atteinte de l'objectif.
- Utilisez des chiffres : Argent économisé, minutes d'exercice - quantifiez les progrès.
- Rester réaliste : Équilibrez l'ambition avec la faisabilité.
- Vérifier l'alignement : Assurez-vous qu'il correspond aux objectifs personnels.
- Définir des échéances : De vraies dates de fin assurent la concentration et l'action en temps voulu.

Adopter ces principes aide à tracer un chemin vers des objectifs avec une clarté réfléchie, vous préparant à moins de luttes et à plus de victoires constantes.

Techniques de visualisation pour la clarté

En matière de fixation d'objectifs avec intention, la visualisation est un outil puissant. Nous utilisons l'imagerie mentale pour nous représenter atteignant nos objectifs - en envisageant les étapes que nous franchissons et en célébrant le succès à la fin. Ce n'est pas seulement rêvasser ; c'est utiliser l'esprit pour façonner notre réalité.

Étape 1 : Imaginez l'atteinte de votre objectif

Commencez par avoir une image claire de ce que vous voulez réaliser. Ajoutez autant de détails que possible. Pensez : à quoi cela ressemble-t-il lorsque vous atteignez votre objectif ? Peut-être vous voyez-vous franchir la ligne d'arrivée d'un marathon, un grand sourire sur votre visage... la sueur qui coule, votre tenue de course préférée, le ruban de la ligne d'arrivée se brisant contre votre poitrine. Les visuels aident à guider le cerveau vers la croyance.

Étape 2 : Impliquez tous vos sens

Ne vous arrêtez pas seulement à la vue. Faites appel à vos autres sens pour que l'expérience paraisse réelle. Quels sons vous entourent lorsque vous franchissez la ligne d'arrivée de ce marathon ? Peut-être les acclamations de la foule ou le rythme des pieds frappant le bitume. Comment votre corps se sent-il ? Fatigué mais exalté, les muscles endoloris mais pleins de force. Que pouvez-vous sentir ? Peut-être l'odeur de l'herbe fraîche ou la saveur salée de votre sueur. Plus vous impliquez de sens, plus votre vision devient claire.

Étape 3 : Établissez une connexion émotionnelle

Un point important - ne faites pas que voir ou ressentir l'expérience, mais ressentez-la. Imaginez la montée de fierté lorsque vous recevez cette médaille. Ou l'excitation qui monte en voyant la ligne d'arrivée se rapprocher. Cette connexion émotionnelle décuple votre visualisation, la rendant plus motivante. En fait :

Les sentiments de réussite renforcent les habitudes positives, ce qui rend plus facile de suivre votre plan.

C'est un peu comme vous donner un aperçu de la récompense, et croyez-moi, rien ne motive autant qu'un avant-goût de la victoire.

Mettre tout cela en pratique

Voici un exemple détaillé que vous pouvez adapter à votre situation. Supposez que vous vous soyez fixé pour objectif de faire un discours réussi lors d'un événement à venir.

- **Visualisez :** Imaginez-vous sur scène. Voyez le public devant vous.
- **Impliquez les sens :** Entendez les applaudissements lorsque vous êtes présenté. Sentez la chaleur des projecteurs. Ressentez la texture fraîche et lisse du pupitre lorsque vous y posez vos mains. Goûtez la menthe que vous avez avalée juste avant de monter sur scène. Les odeurs dans la pièce.
- **Connexion émotionnelle :** Ressentez l'effusion de confiance lorsque les gens hochent la tête en signe d'accord avec vos arguments. Sentez votre satisfaction lorsque vous abordez tous vos points clés. Ressentez la gratitude lorsque vous avez terminé et que vous voyez les regards appréciatifs sur leurs visages.

Une autre façon de rendre la visualisation encore plus impactante : écrivez votre vision. Gardez-la quelque part où vous la verrez tous les jours. **Voir vos mots peut aider à solidifier la vision dans votre esprit**.

Pour pratiquer régulièrement la visualisation :

- Consacrez quelques minutes chaque jour à imaginer vos objectifs.
- Profitez des moments calmes - comme juste avant de dormir.
- Gardez ces visions positives et inspirantes.

Chaque fois que vous visualisez, vous gravez l'objectif plus profondément dans votre esprit, renforçant votre discipline et vous rapprochant de sa réalisation.

La visualisation est plus puissante lorsqu'elle est pratiquée régulièrement. Commencez ce soir... vous pourriez être étonné de ce que cette petite pratique peut faire pour vous.

Méthode WOOP : Souhait, Résultat, Obstacle, Plan

La méthode WOOP se distingue lorsqu'il s'agit de fixer des objectifs avec intention. Il s'agit de **décortiquer** les aspirations en éléments concrets, et c'est astucieux. Nous pouvons nous concentrer sur une partie à la fois, rendant les rêves ambitieux gérables.

Étape 1 : Définir Votre Aspiration

Au cœur de tout ce que vous voulez réaliser, il y a un rêve—un **souhait**. C'est ici que vous vous permettez de voir grand—que vous vouliez écrire un livre, perdre du poids, ou commencer un nouveau passe-temps. Nommez-le ! Peut-être penchez-vous vers la publication d'un roman, courir un marathon, n'importe quoi. Soyez clair et spécifique car la vagueur ne fait qu'embrouiller votre chemin vers l'avant.

Étape 2 : Visualiser un Résultat Réussi

Ensuite, une fois que votre souhait est défini, **visualisez** le résultat réussi. Imaginez-le avec tant de détails que vous pouvez presque toucher, voir, et ressentir l'accomplissement. Pas seulement "Je veux courir un marathon," mais "Je me vois franchir la ligne d'arrivée, mes amis m'encourageant, l'épuisement se transformant en joie pure." Les aspirations libérées vous maintiennent motivé ! Pour ancrer votre imagination :

- Pensez aux visuels et sons de ce moment.
- Imaginez les visages que vous rendrez fiers.
- Envisagez comment vous célébrerez.

"La pierre angulaire de l'inspiration est de visualiser le succès de manière à ce que chaque sens le ressente."

Étape 3 : Identifier les Obstacles

Prochaine étape—un peu plus délicate mais cruciale—identifiez les **obstacles**. Oui, il est vital de reconnaître ce qui pourrait se mettre en travers de votre chemin. Un travail à plein temps qui prend la majeure partie de votre temps ? Tendance à procrastiner face aux tâches difficiles ? Ces obstacles internes et externes, une fois reconnus, deviennent des obstacles pour lesquels vous pouvez planifier.

Généralement, les gens hésitent ici. Qui veut penser à l'échec ? Pourtant, c'est une étape importante car elle transforme la dissuasion potentielle en planification proactive. En planifiant votre prochain roman, sachez que le "blocage de l'écrivain" n'est pas juste un mythe effrayant... ça arrive ! Identifiez les choses qui risquent de vous dévier de votre chemin.

Étape 4 : Développer des Stratégies pour Surmonter

Maintenant, définissons un **plan**. Cette étape joue un rôle crucial— c'est là que vous transformez les problèmes théoriques en étapes pratiques. Confronté au blocage de l'écrivain ? Planifiez des exercices d'écriture pour commencer chaque session. Le lundi ralentit votre rêve de marathon ? Alignez des courses plus courtes et engageantes avec les lundis. Les stratégies peuvent être variées, de la planification d'actions spécifiques à vous récompenser pour des mini-accomplissements.

Par exemple, si mon rêve est un roman et un gros obstacle est la "gestion du temps," ma liste d'actions pourrait ressembler à :

- Trouver un créneau d'écriture quotidien.
- Utiliser un minuteur pour maintenir la concentration (la brièveté favorise la consistance).
- Préparer des plans pour réduire l'incertitude en écriture.

De même, quelqu'un visant des objectifs de remise en forme pourrait :

- Fixer des objectifs progressifs—une petite course aujourd'hui, une plus longue la semaine prochaine.
- Rejoindre des courses communautaires pour un coup de pouce social.

La **leçon clé** : ne considérez pas les obstacles comme des revers. Chaque plan établi est une étape puissante cristallisant votre rêve en réalité.

Et voici le charme—comme mélanger une sauce spéciale—les plans ne doivent pas être identiques pour chaque problème. Personnalisez, ajustez, et réécrivez-les jusqu'à ce qu'ils s'harmonisent bien avec votre mode de vie et vos particularités. Des post-it recouvrant votre espace de travail aux rappels numériques— tout ce qui allie légalité, fonctionnalité et créativité.

Fondamentalement, WOOP consiste à transformer une aspiration existante en un modèle minutieusement sculpté du cycle rêve- réalité-action. Définissez les objectifs. Identifiez les points de friction. Modifiez des plans sensés. Avancez de manière délibérée. Et peut-être, le plus fondamental : **atteindre étape par étape logique**.

Utiliser le modèle GROW pour atteindre des objectifs

Fixer des objectifs peut être assez facile, mais les atteindre ? C'est là que ça se complique. C'est là que le modèle **GROW** intervient, nous aidant à définir ce que nous voulons et comment exactement nous allons y arriver. Voici la chose - quand nous sommes clairs sur ce que nous voulons, il devient plus facile de le poursuivre.

Étape 1 : Objectif

Alors, commençons par la partie la plus évidente : définir l'objectif. Demandez-vous, "Que veux-je exactement réaliser ?" Cela doit être clair et spécifique. Si vous cherchez à être en meilleure santé, au lieu de dire, "Je veux être en forme", visez "Je veux courir un 5 km en moins de 30 minutes d'ici la fin de trois mois." Le rendre mesurable vous donne un moyen de suivre votre succès. C'est comme si, au lieu d'une idée vague, vous aviez cet objectif clair devant vous. C'est motivant et, soyons honnêtes, bien plus amusant.

Étape 2 : Réalité

La prochaine étape concerne l'honnêteté - évaluer où vous en êtes actuellement. Prenez un moment pour réfléchir, "Où suis-je actuellement par rapport à mon objectif ?" C'est une réalité. Disons que votre objectif est de courir ce 5 km ; vous devez regarder votre niveau de forme actuel. Peut-être que vous pouvez à peine courir une minute sans être à bout de souffle. C'est bien, c'est juste bon de savoir d'où vous partez. Quand vous êtes conscient de votre situation, cela vous donne une image réaliste de l'écart que vous devez combler. Soyez vrai avec vous-même - c'est le moment de vérité pur et impartial.

Étape 3 : Options

C'est là que les choses deviennent intéressantes. Maintenant, "Que puis-je faire pour passer du point A (réalité actuelle) au point B (l'objectif) ?" Commencez à brainstormer des options. Dans notre exemple du 5 km, que pourriez-vous faire ? Peut-être rejoindre un groupe de coureurs, télécharger une application de course à pied, ou commencer une routine de marche et augmenter progressivement votre rythme. Parfois, les idées les plus simples fonctionnent le mieux, comme obtenir une paire de chaussures de course fiable. Lancez tout ce qui vous vient à l'esprit ; vous pourriez avoir plus de chemins que vous ne le pensez.

Étape 4 : Volonté

Enfin, il s'agit de s'engager dans votre plan - décider des actions spécifiques. Ce n'est pas simplement penser, "Je vais courir", c'est établir des étapes réelles. Donc, notez : "Je vais m'entraîner trois jours par semaine." Pas, "Je pourrais courir quand je le pourrai." Une autre couche à ajouter est la responsabilité. Peut-être dire à un ami votre plan de 5 km ou utiliser, euh, des applications pour suivre vos progrès et tenir des registres. Cela transforme une intention occasionnelle en un engagement ferme, le rendant plus difficile à annuler.

"Les objectifs qui ne sont pas écrits ne sont que des souhaits." Mettre les choses par écrit - ou les dire à voix haute - leur donne du poids, de la substance. Cela transforme une pensée en un plan d'action. Vous le voyez, vous en êtes rappelé, et lentement mais sûrement, vous commencez à travailler vers cela.

Et voilà. L'objectif est fixé, la réalité est évaluée, les options explorées, et vous vous engagez. La beauté du modèle **GROW** réside dans sa simplicité et dans sa capacité à aider à transformer une auto-connaissance impartiale (qui peut piquer un peu) en progrès réel, une étape réalisable à la fois. Alors, prenez cette idée floue au fond de votre esprit - peaufinez-la, préparez-la, et courez avec... littéralement si c'est le cas !

Affirmations et Renforcement Positif

Vous êtes-vous déjà regardé dans le miroir et pensé, "Je peux le faire"? C'est une affirmation quotidienne au travail, renforçant la confiance en soi petit à petit. Commencer sa journée avec des affirmations peut vraiment donner le ton. Pensez-y comme si vous vous donniez une tape mentale dans le dos avant même de sortir par la porte.

Par exemple, dire "Je suis capable d'atteindre mes objectifs" au début de votre journée peut influencer significativement votre état d'esprit. Cela remplace le doute de soi par la certitude. Les affirmations créent une narration où vous êtes le héros, armé et prêt pour les défis que la journée a à offrir.

Un autre outil puissant est le discours positif envers soi-même. Il ne s'agit pas seulement de se parler à soi-même; il s'agit de s'encourager! Le discours positif envers soi-même encourage la résilience, donc lorsque les choses ne se passent pas comme prévu (parce que, soyons honnêtes, cela arrive), vous êtes mieux préparé pour rebondir.

Imaginez, vous travaillez sur un projet et vous avez commis une erreur. Au lieu de dire "Je suis tellement idiot", dites plutôt "C'est une courbe d'apprentissage; je ferai mieux la prochaine fois". Ce changement de ton - reconnaissant les erreurs sans les laisser définir vos compétences - favorise la résistance mentale, pierre angulaire de la résilience.

Lorsqu'il s'agit de discuter des progrès, il est important de récompenser les étapes franchies. Bien sûr, les grands objectifs sont importants, mais célébrer les petites victoires vous garde motivé tout au long du chemin. Ces récompenses n'ont pas besoin d'être grandioses. Un morceau de chocolat (vous l'avez mérité !), une pause dansante de dix minutes ou simplement reconnaître vos progrès peuvent faire des merveilles.

Voici un guide rapide pour intégrer ces techniques :

- **Définissez Votre Affirmation Quotidienne**

  Choisissez quelque chose de spécifique et de positif. Peut-être "Je suis concentré et persévérant aujourd'hui" ou "Je relève les défis avec grâce." Répétez-la quotidiennement. Astuce bonus : notez-la et collez-la sur votre miroir pour un rappel quotidien.

- **Pratiquez le Discours Positif envers Vous-même**

  Quand une pensée négative surgit, contrez-la immédiatement :

    o "C'est trop difficile" devient "Je trouverai un moyen de surmonter cela."
    o "Je ne peux pas faire ça" se transforme en "Je vais aborder cela étape par étape."
- **Récompensez les Étapes Accomplies**

  Identifiez les petites réussites sur le chemin de votre grand objectif. Avez-vous terminé une tâche difficile aujourd'hui ? Offrez-vous quelque chose que vous aimez. Célébrer ces moments rend le voyage plus gratifiant et vous garde motivé.

Grandes ou petites, s'affirmer soi-même et célébrer les progrès sont cruciaux. Pour citer une notion perspicace :

"Le succès est la somme de petits efforts, répétés jour après jour."

Ce n'est pas seulement à propos de la destination ; il s'agit d'apprécier les arrêts en chemin.

En d'autres termes, lorsque vous définissez vos objectifs avec intention - en les complétant avec des affirmations quotidiennes, en pratiquant le discours positif envers vous-même et en célébrant les petites étapes - vous créez un environnement où le succès semble naturel et simple. Vous n'avez presque jamais besoin de le forcer car vous reconnaissez chaque effort fourni, vous affirmez quotidiennement et vous reconnaissez votre résilience.

Chaque jour n'est pas parfait, et les revers font partie de tout entreprise. Mais avec ces outils, vous considérez chaque petite victoire comme une note de progrès, améliorant lentement mais sûrement votre confiance en vous et votre endurance mentale.

Essayez-le - affirmez-vous, parlez gentiment à vous-même et célébrez même les plus petites victoires. Regardez simplement comment vous devenez discipliné et enthousiaste de manière positive.

Passons à la pratique !

D'accord, vous êtes prêt à passer à l'action, n'est-ce pas ? Fixons ces objectifs avec intention, apportons un peu de structure et de plaisir dans le processus. Cet exercice lie tous les principes du Chapitre 4 ensemble—alors attrapez un stylo, du papier, et c'est parti !

Étape 1 : Élaborez un objectif SMART

Commencez par rédiger un objectif **Spécifique, Mesurable, Atteignable, Pertinent et Temporellement défini (SMART)**. Pensez à quelque chose que vous voulez vraiment accomplir. Cela peut être n'importe quoi, de l'amélioration de votre forme physique à la maîtrise d'une nouvelle compétence. Par exemple, au lieu de dire, "Je veux être en forme," dites, "Je vais faire du jogging trois fois par semaine pendant 30 minutes et perdre 10 livres en trois mois."

- Spécifique : Jogging
- Mesurable : Trois fois par semaine pendant 30 minutes et 10 livres
- Atteignable : Évaluez si votre objectif correspond à vos capacités.
- Pertinent : Alignez-le avec des objectifs de vie plus larges, comme la santé.
- Temporellement défini : Trois mois.

Écrivez ceci—ne le gardez pas juste dans votre tête !

Étape 2 : Techniques de visualisation pour la clarté

Fermez les yeux—ou gardez-les ouverts si c'est votre truc, et dessinez mentalement une image de la réalisation de cet objectif.

Imaginez-vous courant, transpirant et terminant ce jogging de 30 minutes avec facilité. Que porterez-vous ? Comment vous sentirez-vous ? Cette répétition mentale peut être puissante.

Essayez des phrases comme, "Je me vois terminant chaque séance de jogging, me sentant plus énergique et en forme chaque jour."

Étape 3 : Mettez en place la méthode WOOP

La méthode WOOP (Wish, Outcome, Obstacle, Plan) est un moyen fantastique de diviser les choses. Voici comment faire :

- **Wish** : Réaffirmez votre souhait. Votre objectif est d'être en forme en faisant du jogging.
- **Outcome** : Visualisez à nouveau le résultat, en prêtant attention aux avantages. Pensez à l'énergie et à la confiance que vous gagnerez.
- **Obstacle** : Soyez réaliste et identifiez les obstacles potentiels. Peut-être que certains jours vous serez trop fatigué ou que le temps ne sera pas de la partie.
- **Plan** : Élaborez un plan d'action pour surmonter ces obstacles. En cas de mauvais temps, peut-être passez à un entraînement en intérieur. Pour la fatigue, concentrez-vous sur des habitudes de sommeil plus saines.

Exemple :

- Souhait : Faire du jogging trois fois par semaine.
- Résultat : Se sentir en meilleure santé et plus fort.
- Obstacle : Se sentir fatigué ou affronter un mauvais temps.
- Plan : Entraînement en intérieur ou modifier la routine de sommeil.

Étape 4 : Application du modèle GROW

Ici, nous utiliserons le modèle GROW (Goal, Reality, Options, Way forward) pour cristalliser votre approche.

- **Objectif** : Énoncez votre objectif SMART. 'Perdre 10 livres en faisant du jogging trois fois par semaine pendant 30 minutes sur trois mois.'
- **Réalité** : Où en êtes-vous actuellement ? Peut-être que votre routine d'entraînement actuelle est sporadique ?
- **Options** : Élaborez des options pour atteindre votre objectif. Pourriez-vous rejoindre un groupe de course à pied ou utiliser une application de fitness pour rester motivé ?
- **Voie à suivre** : C'est là que ça se concrétise. Quelles actions spécifiques allez-vous entreprendre cette semaine pour progresser ?

Exemple pratique :

- Objectif : Faire du jogging, perdre du poids.
- Réalité : Habitudes d'exercice irrégulières.
- Options : Rejoindre un groupe de course à pied, mettre des rappels.
- Voie à suivre : Rejoindre un groupe de course à pied d'ici lundi prochain, planifier des courses dans votre calendrier.

Étape 5 : Renforcement positif avec des affirmations

Créez des affirmations pour maintenir le moral. Le renforcement positif va construire cet élan tant nécessaire. Écrivez quelques affirmations et lisez-les quotidiennement.

Des exemples incluent :

- "Je suis fort et capable d'atteindre mes objectifs de forme physique."
- "Chaque pas que je fais me rapproche de ma meilleure santé."
- "Je suis engagé dans ma routine de jogging et mes progrès en témoignent."

Écrivez-les, collez-les sur votre mur ou votre miroir—partout où vous les verrez régulièrement.

En conclusion

À la fin de chaque semaine, réfléchissez à vos progrès. Notez ce qui a fonctionné, ce qui n'a pas fonctionné, et les ajustements nécessaires. Célébrez les petites victoires !

Mettez tout cela en pratique

Eh bien, cet exercice n'est pas ponctuel. Intégrez-le dans votre routine. Réévaluez vos objectifs, visualisez votre succès, éloignez les obstacles potentiels avec la méthode WOOP, appliquez le modèle GROW pour des actions concrètes, et ancrez-vous avec des affirmations.

La consistance et la positivité sont les maîtres mots. Vous avez tous les outils du Chapitre 4 ; c'est maintenant votre moment de briller!

Chapitre 5: Construire des habitudes efficaces

"Nous sommes ce que nous faisons régulièrement."

Construire des habitudes est une partie essentielle pour atteindre le succès à long terme et créer une vie épanouissante. Mais, **former de bonnes habitudes n'est pas toujours facile** - beaucoup d'entre nous luttent avec des routines inefficaces qui sapent notre énergie et notre motivation. Cela vous semble familier ? Ce chapitre se concentre sur la fourniture de stratégies pratiques pour s'assurer que nos habitudes soutiennent notre bien-être global.

Vous êtes-vous déjà demandé comment certaines personnes parviennent à faire régulièrement de l'exercice, bien manger et terminer leur journée en force ? Ils ont une bonne compréhension de la construction d'habitudes efficaces - quelque chose que nous découvrirons ensemble dans ce chapitre. Nous examinerons des concepts comme l'empilement d'habitudes pour des résultats durables et la création de routines matinales et nocturnes qui peuvent changer votre journée. Imaginez vous réveiller plein d'énergie et vous coucher satisfait, sachant que vous avez tiré le meilleur parti de votre temps.

Nous discuterons également de l'incorporation de l'exercice et de la méditation dans les routines quotidiennes - des aspects clés qui stimulent à la fois l'esprit et le corps. **Une alimentation saine** et son impact sur la performance seront mis en avant, montrant comment de simples choix alimentaires peuvent entraîner des changements significatifs. Enfin, l'importance d'un sommeil de qualité dans la construction de la volonté complétera notre exploration.

Prêt à transformer vos habitudes quotidiennes et à booster votre vie ? Commençons.

Empiler les habitudes pour un succès à long terme

L'une des façons les plus efficaces de développer des habitudes durables est l'empilage des habitudes, ce qui signifie combiner de petites tâches en routines. Au lieu de penser à s'engager dans une grande tâche, imaginez construire une chaîne d'actions minuscules. De cette manière, chaque petite habitude est soutenue par la suivante, formant finalement une routine forte et sans faille.

Commencer par des actions simples est une méthode directe. La tactique ici est de choisir quelque chose de si facile qu'il est impossible de ne pas le faire. Si votre objectif est d'améliorer l'hygiène buccale, commencez par placer votre brosse à dents à côté de votre réveil. Quand cet alarme sonne le matin, vous êtes rappelé de vous brosser les dents immédiatement. Ensuite, passez à la prochaine petite habitude : faire votre lit immédiatement après le brossage.

En construisant sur ces habitudes simples, commencez à ajouter plus d'actions au fur et à mesure qu'elles deviennent naturelles. Prenez l'exercice, par exemple. Commencez par seulement cinq minutes d'étirements chaque matin. Lorsque cela devient automatique, ajoutez une course de dix minutes ou quelques exercices légers de musculation. Empilez-les les uns sur les autres jusqu'à ce que vous créez une routine matinale solide - cela ne semble pas écrasant, et plus important encore, cela se réalise.

Étape par étape, parlons de l'empilage des habitudes avec quelques exemples pratiques.

Étape 1 : Identifier les habitudes actuelles

- Prenez note des petites habitudes quotidiennes que vous faites déjà sans y penser - boire du café, vérifier votre téléphone, ou même quelque chose d'aussi automatique que fermer la porte derrière vous.

Étape 2 : Choisir de nouvelles habitudes simples

- Les nouvelles habitudes devraient être des actions qui prennent une minute ou deux au maximum. Les exemples pourraient inclure des promenades courtes quotidiennes, boire un verre d'eau dès le matin, ou écrire une liste de tâches assez petite.

Étape 3 : Associer les nouvelles habitudes aux existantes

- Associez une nouvelle habitude à une déjà établie. Par exemple, pendant que votre café infuse le matin, vous pourriez méditer pendant une minute. Ou avant d'utiliser votre téléphone, lisez une page d'un livre.

Les exemples concrets aident à voir comment cela fonctionne. En empilant les habitudes, considérez quelqu'un cherchant à améliorer sa productivité. S'ils ont déjà l'habitude de vérifier leurs e-mails juste après le petit-déjeuner, ils peuvent ajouter une routine d'étirements rapide de deux minutes juste avant de s'asseoir à leur bureau. Finalement, ils peuvent ajouter cinq minutes de définition d'objectifs pour la journée avant de commencer les e-mails. À long terme, ces petites actions construisent une routine matinale efficace avec peu de réflexion.

Rendons cela personnel. Je suis quelqu'un qui avait l'habitude de redouter de boire de l'eau. J'aimais le café, évitant tout ce qui ressemblait de près ou de loin à de l'eau pure. J'ai donc commencé par faire un simple pas. Avant de préparer mon café du matin, je remplissais une bouteille d'eau. Pas de timing spécial, juste une structure simple de "faire ceci d'abord". Devinez quoi ? Avec le temps... boire cette bouteille avant de savourer mon café est devenu un réflexe. Apport en eau : réglé !

La magie réside dans la simplicité et l'accumulation graduelle. Essayer d'ajouter de force un nouveau comportement peut mener à la frustration. En empilant ce que vous avez l'intention de faire par-dessus des comportements déjà ancrés, le processus devient pratiquement sans effort - presque automatique.

Il est certainement crucial de faire en sorte que tout fonctionne pour vous. Certains aiment le rappel écrit en plaçant des post-it à des endroits visibles, incitant à la nouvelle action jusqu'à ce qu'elle devienne une habitude. D'autres suivent les progrès, peut-être non pas avec des horaires restrictifs mais à travers une liste de contrôle plus détendue.

"Le succès est la somme de petits efforts, répétés jour après jour."

Lorsque de petites habitudes se cumulent avec le temps, elles tracent de nouveaux chemins dans votre journée (et votre esprit, dans une certaine mesure). Il s'agit de trouver ce schéma - les empiler de manière à ce qu'ils soutiennent, plutôt qu'ils ne submergent. Simplicité, non ? Compléter de nouvelles habitudes plus complexes avec des nœuds existants dans votre journée permettra, progressivement, de cultiver le succès.

Dans le cadre de cette pratique, les habitudes deviennent liées comme une chaîne. Vous n'êtes pas submergé par de grands changements. Au lieu de cela, vous prenez le contrôle progressivement, pièce par pièce - sans lutte.

Alors, commencez par identifier vos petites routines. Empilez ces nouvelles actions de manière naturelle... et avant longtemps, vous découvrirez qu'elles mènent à des résultats plus grands et meilleurs. En voilà pour faire en sorte que ces habitudes bénéfiques restent sans difficulté !

Les routines du matin et du soir qui fonctionnent

Il est important de planifier des heures de réveil constantes. Pourquoi, vous demandez-vous? C'est parce que la régularité donne le ton à votre journée - se réveiller à la même heure chaque jour aide à définir comment vous interagissez avec le monde. Et, honnêtement, cela rend tout simplement tout plus facile. Par exemple, si vous essayez d'aller à la salle de sport avant le travail, vous savez exactement combien de temps il vous reste...pas de jeux de devinettes. De plus, votre corps s'y habitue, rendant les matins légèrement moins grognons.

Parlons des soirées. Réfléchir à la journée avant de dormir n'est pas réservé qu'aux vieux philosophes. Honnêtement, c'est l'une des meilleures habitudes que vous puissiez développer. Prenez un carnet et notez quelques pensées. Écrire des choses comme "Qu'est-ce qui s'est bien passé aujourd'hui?" et "Que puis-je améliorer demain?" peut créer une vraie magie avec le temps. Cela vous donne un moment pour faire une pause - pour être plus attentif avant de vous coucher. Et honnêtement, c'est bien mieux que de défiler sur votre téléphone pendant des heures.

Maintenant, les heures de réveil sont planifiées. Super, mais qu'en est-il de la priorisation des tâches? Commencez par les plus importantes. Peut-être s'agit-il de ce rapport que vous avez repoussé ou de cette conversation difficile que vous devez avoir. Attaquez-vous simplement à cela...Faites-le. Cocher les éléments les plus importants en premier lieu peut vous donner un grand sentiment d'accomplissement - un petit coup de pouce de "Je peux le faire!" pour le reste de la journée. Vous savez que quand vous avez terminé une chose, il devient soudainement plus facile de faire tout le reste? C'est l'élan que nous cherchons à créer.

Voici une façon pratique de commencer:

- **Planifier des heures de réveil constantes**

  Imaginez régler votre réveil à la même heure tout au long de la semaine et aussi le week-end. Mettez-le de l'autre côté de la pièce si nécessaire, pour que vous deviez vous lever physiquement pour l'éteindre. (Oui, cela peut sembler cruel, mais ça fonctionne vraiment). Avoir une heure de lever régulière entraîne votre corps et votre esprit à se réveiller naturellement, réduisant ainsi la lutte avec le bouton snooze.

- **Réfléchir à la journée avant de dormir**

  Avant de vous coucher, prenez quelques minutes pour récapituler votre journée. Réfléchissez à ces moments de réunion ou aux dialogues partagés pendant la journée. Demandez-vous honnêtement, "Quel a été le moment fort d'aujourd'hui?" et "Où puis-je apporter de petits changements demain?". Cette petite habitude peut être assez puissante et ralentir vos pensées pour faciliter le sommeil.

- **Prioriser les tâches importantes**

  Faites une liste la veille ou dès le lendemain matin. Notez jusqu'à trois choses importantes que vous devez faire. Classez-les par ordre d'importance et travaillez-y avec diligence. Oui, cela peut ne pas sembler amusant, mais croyez-moi, s'attaquer d'abord aux tâches importantes peut vous laisser dans un bon état d'esprit pour le reste de la journée.

L'idée ici est de développer des routines simples qui font vraiment la différence. Bien que réfléchir à la journée ne soit pas obligatoire, cela aide certainement. Mettre en pratique des heures de réveil constantes n'est pas pour les obsédés du contrôle; c'est pour ceux qui cherchent à vivre une vie plus fluide, moins agitée. La priorisation peut sembler accablante au début, mais une fois maîtrisée, les tâches ne s'accumulent pas.

"Le succès n'est pas la somme de changements puissants; c'est l'habitude bien pratiquée d'actions simples réalisées de manière cohérente."

Ne vous contentez pas de traverser la vie à toute vitesse. Prenez des mesures pour vous assurer que vos routines s'alignent bien avec vos objectifs quotidiens. Intégrez-y des activités formatrices d'habitudes telles qu'une heure de lever constante et la réflexion active sur les jours passés - les choses semblent bien plus gérables, n'est-ce pas?

Intégrer l'exercice et la méditation dans votre routine

Pour beaucoup d'entre nous, commencer une routine d'entraînement peut sembler intimidant. Nous repoussons peut-être, parce que nous sommes trop fatigués, occupés, ou simplement "pas d'humeur". Cependant, maintenir un horaire régulier d'exercice ne concerne pas seulement la santé physique ; il s'agit de développer des habitudes efficaces qui améliorent le bien-être global. J'ai quelques conseils, espérons-le pratiques, pour vous aider à commencer et à rester sur la bonne voie.

Étape 1 : Planifier des séances d'entraînement quotidiennes.

Dès le départ, prenez le temps pour cela. Matins ou soirs ? Peu importe. Choisissez celui où vous vous sentez le plus énergique. Notez-le dans votre agenda. Traitez-le comme tout autre rendez-vous important. "Réunion à 10h ? Gym à 17h ?" Ce n'est pas juste inscrire quelque chose ; c'est réserver un bloc de temps dédié à vous et à votre santé.

Pensez à des activités que vous aimez faire. Vous détestez courir ? Essayez un cours de danse ou du cyclisme à la place. Il est plus facile de s'en tenir à quelque chose que vous aimez (ou que vous n'avez pas en horreur du moins). Et faites attention à comment votre corps se sent après un entraînement et laissez cela vous motiver.

Étape 2 : Pratiquer la méditation de pleine conscience.

Je sais, la méditation peut sembler un peu bizarre, mais suivez-moi. Cette petite pratique peut redéfinir comment vous gérez le stress. Trouvez un endroit calme et asseyez-vous confortablement. Concentrez-vous sur votre respiration - ressentez-la, ralentissez-la, et guidez votre esprit à chaque fois qu'il s'évade. Cela peut sembler difficile au début, mais cela devient naturel avec un peu de pratique.

Pensez-y de cette façon - l'exercice entraîne votre corps tandis que la méditation entraîne votre esprit. Vous ne sauteriez pas le jour des jambes, alors pourquoi sauter le jour de la santé mentale ? Essayez d'intégrer 5 à 10 minutes de méditation dans votre routine quotidienne. Rendez cela encore plus simple en le reliant à une autre habitude, comme juste après votre entraînement du matin ou juste avant de vous coucher.

Étape 3 : Équilibrer les activités physiques et mentales.

"Il est impossible de verser de l'eau d'un verre vide," dit-on... et vraiment, ne devriez-vous pas être votre propre priorité ici ? Équilibrer les activités physiques et mentales peut vous aider à rester centré. Associez des exercices de cardio avec des étirements ou du yoga. Suivez une séance de HIIT avec des exercices de respiration.

L'idée ici est de créer de l'harmonie. Vous n'avez pas besoin d'heures pour cet équilibre - une simple marche de 30 minutes suivie de 10 minutes de méditation peut faire des merveilles. Écoutez votre corps et votre esprit, réagissant à ce dont chacun a besoin à ce moment-là.

Voici un précieux conseil à retenir :

"Il ne s'agit pas d'être le meilleur ; il s'agit d'être meilleur que vous ne l'étiez hier."

Un tel équilibre garantit que vous ne négligez pas un aspect au détriment de l'autre. Mélangez la pleine conscience à l'exercice - lorsque vous courez, abandonnez la musique un instant et écoutez le son de votre respiration. Cela vous relie plus profondément à l'activité et conduit souvent à des entraînements plus productifs et efficaces.

Vous vous sentez incertain sur par où commencer ? C'est normal... commencez petit. Faites ce tour du pâté de maisons, inscrivez cet entraînement, respirez profondément, et laissez de petits pas vous guider collectivement vers le développement d'habitudes efficaces. Cette pratique continue ne vous maintiendra pas seulement en forme ; elle favorisera un sentiment de calme et de bien-être, vous aidant à surmonter les défis avec un esprit plus clair et concentré. La clé ici est la constance - pas la perfection.

Concepts importants sur lesquels se concentrer :

- Choisir des activités agréables
- Réserver du temps dédié
- Mêler l'exercice à la pleine conscience
- Maintenir la constance plutôt que la perfection

Préparez-vous au succès, pas à l'échec. Et soyez bienveillant envers vous-même ; vous faites quelque chose d'incroyable ici. Entraîner à la fois le corps et l'esprit peut ouvrir la voie à une vie équilibrée et plus épanouie.

Nutrition saine pour des performances optimales

Manger des repas équilibrés et riches en nutriments joue un rôle majeur dans la façon dont nous accomplissons nos tâches quotidiennes. Nous passons souvent nos journées à grignoter des collations rapides qui semblent inoffensives mais qui n'aident pas vraiment notre corps à fonctionner au mieux. De manière intéressante, les repas que nous consommons peuvent grandement influencer notre concentration, nos niveaux d'énergie et notre bien-être général. Plus que tout, viser un équilibre dans notre alimentation ouvre la voie à des performances optimales.

Pour commencer, choisir des aliments naturels plutôt que transformés est essentiel. Lorsque nous évitons les aliments transformés et les sucres, nos corps reçoivent des nutriments sous leur forme naturelle. Avez-vous déjà lu l'étiquette d'une collation et ne pas reconnaitre la moitié des ingrédients ? C'est notre signal - nos corps se portent mieux lorsque nous nous en tenons à des aliments simples et naturels. Par exemple, pensez à prendre une pomme au lieu d'une barre de chocolat. De cette manière, non seulement nous réduisons le sucre superflu, mais nous fournissons également à nos corps des fibres et des vitamines qui soutiennent une énergie constante plutôt que des pics et des chutes rapides.

Et en parlant d'**énergie**... rester hydraté tout au long de la journée est tout aussi important. **L'eau** nous aide à être plus alerte et peut améliorer notre humeur. Je veux dire, qui n'a jamais eu l'une de ces journées où vous avez simplement l'impression que quelque chose ne va pas, pour réaliser ensuite que vous n'avez pas assez bu d'**eau** ? Oui, l'hydratation peut faire des miracles. Astuce de pro : garder une bouteille d'**eau** à portée de main facilite la prise régulière de gorgées. Si l'**eau** plate n'est pas votre truc, ajouter une tranche de citron peut lui donner une touche rafraîchissante sans ajouter d'additifs nocifs.

Ensuite, il est également très important de réfléchir à la manière dont nous combinons nos aliments. Les repas équilibrés comprennent un mélange de protéines, de graisses saines et de glucides. Par exemple, commencer la journée avec de la bouillie d'avoine garnie de baies et d'une poignée de noix coche toutes les cases. Les protéines des noix, les glucides de la bouillie d'avoine et les sucres naturels des baies fournissent ensemble un excellent coup de pouce énergétique durable. Croyez-moi, essayez quelques combinaisons et remarquez comment votre corps réagit différemment par rapport à ce rapide bagel seul.

Voici quelque chose que j'aimerais souligner : **les légumes verts et les légumes sont nos meilleurs alliés.** Ils sont riches en vitamines et minéraux essentiels. Vous avez déjà entendu l'expression "mangez votre arc-en-ciel" ? Il s'agit d'inclure divers légumes colorés dans vos repas. Chaque couleur offre des nutriments différents qui renforcent collectivement notre corps. La prochaine fois que vous préparez un repas, ajoutez des poivrons rouges, des épinards et peut-être quelques carottes colorées. Ils sont non seulement bons pour vous, mais peuvent transformer votre assiette en une palette vibrante.

Une grande quantité d'aliments naturels fait beaucoup de bien. Les aliments transformés et rapides peuvent nous donner une sensation de léthargie et de fatigue, sabotant nos efforts pour atteindre nos objectifs. Cela ne veut pas dire éliminer complètement les friandises (ce n'est pas amusant), mais être conscient et choisir de meilleures options la plupart du temps fait la différence.

"La plus grande richesse est la santé, et les choix que nous faisons quotidiennement façonnent cette richesse de manière significative."

Pour conclure cette réflexion, envisagez de la mettre en pratique de la manière suivante :

- **Mélangez votre assiette**

  Combinez protéines, graisses et glucides pour maintenir les niveaux d'énergie. Pensez à des viandes maigres avec du riz brun et des légumes - ce genre de choses.

- **Choisissez des collations intelligentes**

Remplacer les chips par des fruits ou des noix vous aide à rester rassasié plus longtemps et vous nourrit mieux.

- **Hydratez-vous souvent**

    De simples gorgées répétées tout au long de la journée peuvent se traduire par une meilleure concentration et une meilleure énergie. Gardez de l'**eau** visible et accessible, comme sur votre bureau de travail ou dans votre sac.

Intégrer ces habitudes peut sembler être de petits pas, mais croyez-moi, ils ont un impact. Prendre le temps de bien manger, de rester hydraté et de choisir des aliments naturels plutôt que transformés nous prépare naturellement au succès. Faites confiance à ces bases, et voyez comment elles améliorent vos performances quotidiennes.

Le rôle du sommeil dans le renforcement de la volonté

Obtenir suffisamment de **sommeil** ne concerne pas seulement le fait de se sentir reposé ; c'est aussi une partie essentielle du renforcement de la **volonté**. Beaucoup de gens négligent cela, pensant qu'ils vont simplement "surmonter" le manque de repos. Mais cette mentalité conduira rapidement à l'épuisement et rendra vos objectifs plus difficiles à atteindre. Un sommeil suffisant peut vraiment aider—donc concentrez-vous sur la manière d'optimiser votre **emploi du temps de sommeil**.

Si vous le pouvez, visez 7 à 8 heures de sommeil chaque nuit. Cette durée a été démontrée comme étant idéale pour la plupart des adultes. Bien qu'il soit tentant de veiller tard pour finir ce dernier travail ou regarder juste un autre épisode, il est crucial de mettre votre sommeil en haut de votre liste de priorités. Après tout, un sommeil insuffisant affecte votre humeur, votre concentration et votre capacité à prendre des décisions... des choses qui impactent directement votre volonté.

Maintenir un **emploi du temps de sommeil** est tout aussi important. Se coucher et se réveiller aux mêmes heures chaque jour régule l'horloge interne de votre corps, ou rythme circadien. Cette régularité peut faciliter l'endormissement et le réveil naturels, sans se sentir groggy. Si votre emploi du temps de sommeil varie trop, cela peut perturber ce rythme et vous faire sentir comme si vous aviez été percuté par un train le lundi matin. Croyez-moi, cela vaut l'effort de le rendre régulier—même le week-end.

Vous voulez également créer une **routine apaisante avant le coucher**. Imaginez vous détendre chaque jour avec des activités qui vous aident à vous relaxer plutôt que de vous stimuler. Voici quelques conseils pratiques :

- **Baisser les lumières :** Diminuer la luminosité chez vous signale à votre corps qu'il est temps de terminer.
- **Éloigner les écrans :** La lumière bleue des téléphones et des ordinateurs peut maintenir votre cerveau éveillé. Essayez de lire un livre ou d'écouter de la musique calme à la place.
- **Bain ou douche chaude :** Cela peut aider à détendre vos muscles et votre esprit après une longue journée.
- **Respiration consciente :** Prendre quelques minutes pour se concentrer sur votre respiration peut aider à apaiser tout stress ou inquiétude persistante.

"Ce n'est pas le sommeil que vous obtenez... C'est le MEILLEUR sommeil que vous obtenez," peut sembler simple, mais cela a beaucoup de poids. Vous renforcerez davantage votre volonté avec un sommeil réparateur et de qualité.

Pensez à quelques conseils sur ce que penser, faire ou ressentir si vous avez du mal à établir une base de sommeil solide. Réfléchissez à comment être bien reposé peut mener à une prise de décision plus efficace. Ressentez comment moins d'épuisement impacte positivement votre humeur chaque jour. Commencez à remarquer les petites réalisations qui sont plus faciles à accomplir parce que vous êtes bien reposé.

Gardez à l'esprit que reprogrammer vos habitudes de sommeil ne se fera pas du jour au lendemain (jeu de mots intentionnel). Mais tout comme toute autre habitude, la constance paie. Faites des ajustements progressifs :

- **Décalage du coucher :** Si vous avez l'habitude de vous coucher trop tard, avancez votre heure de coucher par tranches de 15 minutes.
- **Soleil du matin :** Votre corps a besoin de lumière naturelle tôt dans la journée pour réguler votre horloge interne, alors profitez du soleil quand vous le pouvez.
- **Limitez la caféine et l'alcool :** Ils peuvent perturber votre capacité à vous endormir et à rester endormi.

Se concentrer sur le sommeil peut sembler basique, mais la vérité est que de mauvaises habitudes de sommeil pourraient être l'un de vos principaux obstacles pour acquérir une volonté robuste. En visant 7 à 8 heures, en maintenant un horaire stable et en créant une routine apaisante avant le coucher, vous posez les bases pour un vous plus déterminé et résilient. Alors, essayez et voyez comment ce simple changement peut impacter profondément votre vie.

Passons à la pratique!

D'accord, retroussons nos manches et entrons dans le vif du sujet pour construire des habitudes efficaces. Cet exercice vous guidera étape par étape pour appliquer la sagesse du chapitre 5 de "Le Pouvoir de la Discipline Personnelle Positive", transformant ces concepts abstraits en habitudes quotidiennes.

Étape 1: Définissez Votre 'Pourquoi ?'

Commencez par cibler vos motivations. Réfléchissez à pourquoi vous voulez développer de nouvelles habitudes. Est-ce pour une meilleure santé, une productivité accrue, ou la paix intérieure ? Notez-le. Par exemple :

- "Je veux développer des habitudes plus saines pour avoir plus d'énergie pour mes enfants."
- "Je souhaite établir une routine matinale pour commencer ma journée avec un esprit clair."

Garder vos raisons en tête peut être la force d'ancrage dont vous avez besoin lorsque les choses se compliquent.

Étape 2: Commencez Petit avec l'Empilement d'Habitudes

Vous voudrez commencer par attacher une nouvelle habitude à une habitude existante - un truc mental simple mais puissant. C'est ce qu'on appelle l'empilement d'habitudes. Identifiez une habitude actuelle, comme vous brosser les dents, et ajoutez une nouvelle petite habitude juste après. Voici comment vous pouvez le faire :

- Si vous vous brossez généralement les dents le matin, ajoutez 5 minutes de méditation juste après.

- Si vous prenez un café le matin, suivez-le en notant trois choses pour lesquelles vous êtes reconnaissant.

En plaçant de nouvelles habitudes dans le flux de votre routine existante, vous créez une transition fluide.

Étape 3: Établissez une Routine Matinale Efficace

Ensuite, créons cette routine matinale cruciale qui peut donner le ton positif pour toute votre journée. Voici une séquence suggérée :

- **Se réveiller et s'hydrater** - Boire un verre d'eau (le moyen parfait pour réveiller votre corps).
- **Étirement ou exercice** - Faire un étirement rapide de 10 minutes ou faire du jogging sur place (réveillez ces muscles !).
- **Méditation** - Passer 5 minutes en pleine conscience ou en respiration profonde.
- **Planifier votre journée** - Prenez encore 5 minutes pour définir vos 3 priorités principales.

Certains préféreront commencer par la méditation tandis que d'autres auront besoin de cet étirement matinal en premier. Adaptez-le pour correspondre à votre ambiance !

Étape 4: Concevez une Routine de Fin de Journée Revitalisante

À mesure que la journée se termine, vous devriez également ralentir. Voici comment créer cette fermeture parfaite :

- **Détoxification Numérique** - Éteignez les écrans au moins une heure avant d'aller au lit.
- **Réfléchir** - Passez quelques minutes dans un journal (qu'est-ce qui s'est bien passé ? Que pouvez-vous améliorer ?).
- **Se Préparer pour Demain** - Préparez vos vêtements, établissez une liste de tâches à faire.

- **Lecture ou Détente** - Lisez un livre ou pratiquez un peu de yoga léger.

Un exemple pourrait être de prendre une tasse de tisane tout en écrivant dans votre journal ou de lire pendant 20 minutes avant de vous coucher.

Étape 5: Intégrez l'Exercice et la Méditation dans Votre Routine

La cohérence est la clé. Visez à intégrer l'exercice et la méditation de manière transparente dans votre journée sans que cela paraisse imposé ou stressant. Voici une idée pour y arriver :

- **Matin** - Quelques minutes de méditation avant de faire quoi que ce soit.
- **Après-midi** - Petite marche pendant la pause déjeuner (pour casser la monotonie du travail).
- **Soir** - Étirement léger ou séance de yoga apaisante.

L'empilement d'habitudes peut également aider ici, comme méditer dès que vous vous réveillez ou juste après votre marche de midi.

Étape 6: Créez un Plan Nutritionnel pour des Performances Optima

Les bonnes habitudes commencent de l'intérieur. Planifiez des repas qui nourrissent et alimentent. Concevez un plan alimentaire hebdomadaire simple mais pratique. Par exemple :

- **Petit-déjeuner** - Flocons d'avoine avec des fruits et des noix ou une omelette aux légumes.
- **Déjeuner** - Salade verte avec du poulet grillé ou un bol de quinoa.
- **Dîner** - Saumon au four avec des légumes vapeur ou une soupe de légumes copieuse.

Une bonne collation pourrait être des noix ou une pomme, gardant cette faim de midi sous contrôle sans se remplir de calories vides.

Étape 7: Priorisez le Sommeil comme Forme de Renforcement de la Volonté

Le sommeil, ce héros méconnu du domaine de la volonté. Visez à établir un horaire de sommeil qui garantit 7 à 9 heures de repos.

- **Heure de Coucher/Réveil Consistante** - Oui, même le week-end.
- **Environnement Favorisant le Sommeil** - Lumières tamisées, literie confortable, température fraîche dans la chambre.
- **Limitez les Stimulants** - Évitez la caféine ou les repas copieux tard le soir.

Par exemple, réglez une alarme pour le mode de détente au lieu de vous réveiller ; cela pourrait vous inciter à commencer votre routine du soir, vous assurant de vous rapprocher du pays des rêves à temps.

En prenant chaque étape, entrelaçant ces pratiques dans votre vie quotidienne, vous pouvez créer une forteresse d'habitudes positives qui soutiennent vos objectifs. Des efforts constants et réguliers ici sont ce qui compte. Bonne construction d'habitudes !

Chapitre 6 : Surmonter les pièges courants

"Le succès consiste à passer d'échec en échec sans perdre son enthousiasme."

Vous êtes-vous déjà senti comme si vous étiez constamment en train de mener une bataille perdue contre la procrastination ou de poursuivre de faux espoirs ? Ce chapitre plonge dans ces luttes auxquelles nous sommes tous confrontés. **Surmonter les pièges courants** - ces mots ne vous donnent-ils pas un soupir de soulagement ? Si vous vous êtes déjà demandé pourquoi les tâches se prolongent toujours jusqu'à la dernière minute ou pourquoi le changement vous rend mal à l'aise, vous n'êtes pas seul (nous sommes tous passés par là).

Comprendre quelques principes sournois comme la Loi de Parkinson et le **Syndrome de l'Espoir Illusoire** peut éclairer pourquoi vous continuez à heurter ce même mur. Je parie que la procrastination ne vous est pas étrangère... nous allons l'attaquer de front. Ensuite, il y a ces fichues attentes irréalistes, vous rongeant, vous préparant à des déceptions. Et ne prétendons pas que l'inconfort et le changement ne sont pas, eh bien, inconfortables !

Et si vous saviez que simplement **forcer un peu plus** pourrait faire une énorme différence ? Voici la "Règle des 40%" - une idée qui vous incitera à repousser vos limites (sans avoir l'impression de les briser).

À la fin de ce chapitre, vous serez armé de tactiques pour gérer votre temps, tempérer vos attentes et considérer l'inconfort comme une marche vers l'avant. Prêt à conquérir ces obstacles ? Plongeons et maîtrisons ces pièges !

Comprendre la loi de Parkinson et le syndrome de l'espoir trompeur

La loi de Parkinson... parlons de la façon dont le travail a tendance à s'étendre pour remplir le temps que vous lui avez accordé. Avez-vous déjà remarqué que lorsque vous avez toute une journée pour terminer une tâche, elle prend étrangement toute la journée ? C'est comme de la magie, si la procrastination était un superpouvoir. Ce n'est pas seulement une observation excentrique ; c'est en fait un concept reconnu. Cela signifie essentiellement que si vous fixez un délai plus long pour un travail, même facile... vous utiliserez étrangement tout ce temps (probablement parce que tout le reste semble plus de dernière minute). Maintenir des délais très serrés peut aider à éviter ce piège - donnez-vous juste assez de temps pour la tâche sans ajouter plus que nécessaire.

Ensuite, il y a le syndrome de l'espoir trompeur. Il s'agit de fixer des objectifs excessivement ambitieux. Vous savez, ces grands projets comme "Je vais apprendre trois nouvelles langues cette année" ou "Je vais perdre 50 livres d'ici l'été." Ça vous dit quelque chose ? Nos espoirs nous poussent à fixer la barre trop haut. Il est toujours bon de viser de grandes choses, mais si vous visez toujours trop loin, les déceptions s'accumulent et le moral diminue. Avez-vous déjà entrepris de grands projets pour finalement les trouver trop décourageants et abandonner complètement ? Oui, c'est le syndrome de l'espoir trompeur à l'œuvre. La clé ici - et c'est vraiment important - est de fixer des objectifs réalistes et réalisables. Qui ne veut pas accomplir des choses incroyables ? Mais restons pragmatiques pour que cela se concrétise.

Alors... comment gérer ces deux situations délicates ? La **planification réaliste** est votre meilleur allié ici. Assurez-vous de fixer des délais réalisables, donnez à chaque tâche une bonne dose d'urgence mais sans panique inutile.

D'accord, voici un moyen simple d'éviter ces pièges :

- **Définir des objectifs clairs**

  Soyez spécifique. Au lieu de dire "Je veux être en forme", visez plutôt "Je veux faire 30 minutes d'exercice, cinq fois par semaine." Cette clarté établit un objectif pratique.

- **Divisez en étapes**

  Divisez-le en petites étapes. Les petites parties rendent les grandes tâches plus gérables. C'est la différence entre "Je vais écrire un livre" et "Je vais écrire pendant 20 minutes tous les jours."

- **Fixer des délais réalistes**

  Si vous avez besoin de désencombrer votre maison, commencer par une pièce par week-end pourrait bien mieux fonctionner que d'essayer de tout faire en une seule fois.

- **Surveiller et ajuster**

  Au fur et à mesure que vous avancez, marquez vos progrès. Si vous trouvez que les choses prennent plus de temps, ajustez le calendrier - mais ne l'étirez pas indéfiniment. Des ajustements rapides peuvent vous permettre de rester sur la bonne voie.

Voici un exemple pratique : si vous cherchez à améliorer vos compétences dans quelque chose de nouveau, comme la peinture, ne planifiez pas une exposition dans six mois sans expérience.

Commencez petit. Visez à terminer un tableau par mois à la place. Progressez progressivement, faites évoluer vos compétences et réduisez la pression écrasante, qui sinon peut mener, sans surprise, à des déceptions... et à des abandons plus fréquents.

Par exemple,

"Vous ne réussirez peut-être jamais quelque chose si vous pensez qu'en fixant simplement un objectif élevé, vous pourrez automatiquement le réaliser facilement."

Ces embûches cachées comme la procrastination et des espoirs excessivement ambitieux ne vous affecteront pas, honnêtement, une fois que vous vous concentrerez sur cette approche équilibrée. Il s'agit de mélanger ces petites victoires pour lisser vos plus grands succès.

Pour récapituler (bien joué jusqu'ici), utilisez une définition claire des objectifs, des délais réalistes et surveillez de près vos progrès. Cela vous évite non seulement d'être surmené, mais vous garde également motivé. Assez simple mais impactant, utiliser la loi de Parkinson de manière avisée et éviter le syndrome de l'espoir trompeur peut faire toute la différence !

Qui est prêt à commencer à planifier avec un peu plus de sagesse et beaucoup moins de stress ?

Stratégies pour lutter contre la procrastination

D'accord, entrons directement dans le vif du sujet. La procrastination, elle nous prend au piège. Nous y sommes tous passés, à regarder une tâche apparemment gigantesque qui semble si écrasante. Mais attendez, et si vous pouviez avancer petit à petit dans cette tâche monstrueuse ? Diviser les tâches en étapes plus petites, voilà exactement comment vous pouvez y arriver. C'est un peu comme transformer une montagne en une série de petites collines.

Étape 1 : Diviser les tâches en étapes plus petites. Commencez par détailler la tâche globale, puis divisez-la en tâches plus petites et plus réalisables. Disons que vous devez rédiger un rapport. Au lieu d'avoir "Rédiger un rapport" qui vous pend au nez, transformez cela en "Ébauche du plan", "Rédiger l'introduction" et "Rechercher des sources". En dressant une liste de tâches plus petites, vous ne vous sentirez pas submergé. De plus, chaque petite réussite crée de l'élan pour la suivante.

Vous avez divisé les tâches en morceaux faciles à gérer, mais comment rester concentré sur chacun ? Voici **Étape 2 : Utiliser la technique Pomodoro** pour travailler de manière concentrée. Cette technique est assez simple : vous travaillez pendant 25 minutes d'affilée, puis vous prenez une pause de 5 minutes. Cette poussée de travail concentré, suivie d'une pause, vous aide à maintenir des niveaux élevés de productivité sans vous épuiser. Je trouve qu'avant même de m'en rendre compte, ces 25 minutes se sont écoulées, et j'ai réalisé des progrès significatifs.

"Qu'est-ce que je devrais travailler pendant ces 25 minutes ?" vous vous demandez peut-être. C'est là qu'intervient **Étape 3 : Prioriser les tâches en utilisant la Matrice d'Eisenhower**. La Matrice d'Eisenhower vous aide à déterminer ce qui doit être fait en premier. C'est une simple boîte divisée en quatre sections :

- **Urgent et important** (Faites ceci en premier, c'est évident)
- **Important mais pas urgent** (Planifiez ceci pour plus tard)
- **Urgent mais pas important** (Envisagez de déléguer cela)
- **Ni urgent ni important** (Pourquoi même s'en préoccuper maintenant ?)

En classant vos tâches de cette manière, vous aurez un plan de jeu clair pour vos Pomodoros.

"La procrastination est le voleur du temps" — en effet, et planifier votre travail plutôt que de le repousser à plus tard peut récupérer ce temps perdu.

Imaginez le sentiment de clarté lorsque vous pouvez voir en un coup d'œil ce qui mérite vraiment votre attention !

En combinant ces étapes, diviser les tâches, les poussées de travail concentré et une bonne priorisation, vous pouvez construire un flux de travail qui minimise les distractions et maximise la productivité. Le vrai tour de magie réside dans la constance. Vous pouvez utiliser ces techniques une fois et passer une excellente journée, mais les utiliser de manière constante peut signifier avoir de nombreux jours productifs supplémentaires.

Pour rendre tout cela encore plus personnel, avez-vous récemment travaillé sur quelque chose en retard ? Commencez avec le "Rapport critique" en main — la répartition pourrait ressembler à ceci :

- Créer un plan en 25 minutes
- Rechercher des références dans un autre bloc de 25 minutes
- Rédiger le brouillon initial pendant le premier Pomodoro de demain

Le voyez-vous plus clairement maintenant ? Un petit effort de segmentation et de priorisation de votre travail avec des sprints diligents et concentrés vous aide à accomplir beaucoup plus de choses — la procrastination n'a aucune chance ! Continuez ainsi, et les fruits de votre labeur discipliné vous serviront bien.

Gestion des attentes irréalistes

Établir des attentes réalistes est vraiment important. Une façon de gérer cela est de fixer des objectifs SMART. SMART signifie

Spécifique, **Mesurable**, **Atteignable**, **Pertinent** et **Chronométré**. C'est une approche simple.

Par exemple, supposons que vous vouliez améliorer votre gestion du temps. Au lieu de faire une promesse vague d'être "meilleur", décidez quelque chose comme, "Je consacrerai 2 heures par jour à des tâches productives de 9h à 11h pendant un mois." Cet objectif est :

- **Spécifique** : Il cible un domaine clair de gestion du temps entre 9h et 11h.
- **Mesurable** : Vous avez 2 heures à mesurer chaque jour.
- **Atteignable** : C'est réaliste compte tenu de votre routine quotidienne.
- **Pertinent** : Il est directement lié à votre souhait de devenir meilleur en termes de temps.
- **Chronométré** : Cet objectif a une limite d'un mois.

Revoir et ajuster régulièrement vos objectifs est tout aussi essentiel. Les efforts ne se déroulent pas toujours comme prévu. Peut-être qu'après deux semaines, vous découvrez que les matins ne fonctionnent tout simplement pas pour vous. Aucun mal à ajuster ! Passez à un intervalle de temps différent, en vous permettant d'être flexible et accommodant face à de nouvelles découvertes. Ces ajustements sont nécessaires et ne signifient pas abandonner. Au contraire, ils symbolisent la croissance et l'apprentissage.

La compassion envers soi-même joue un rôle crucial ici. Lorsque vous manquez votre cible ou ne parvenez pas à réaliser vos plans, ne soyez pas trop dur envers vous-même... nous sommes tous humains et rencontrer des obstacles fait partie du processus. Montrez-vous la même gentillesse que vous offririez à un ami dans une situation similaire. Cette mentalité aide à réduire le stress lié aux attentes irréalistes.

La patience est très étroitement liée à la compassion envers soi-même. Évitez de vous attendre à des résultats immédiats.

Développer de nouvelles habitudes ou compétences est comme planter une graine ; il faut du temps pour voir les fruits. Donc, lorsque votre progression semble lente, rappelez-vous que chaque petit pas compte vers votre objectif final. **"La patience n'est pas simplement la capacité d'attendre - c'est la manière dont nous nous comportons pendant que nous attendons."** Cette déclaration résonne remarquablement bien avec la réalisation des objectifs.

Développer l'autodiscipline ne signifie pas que vous devez être parfait tout le temps. L'attente de la perfection peut paralyser le progrès. Comprenez que s'écarter du plan de temps en temps est tout à fait normal. Prendre des pauses ou changer d'approche ne signifie pas que l'objectif n'est plus réalisable. Tant que vous êtes sur la bonne voie, les petits détours n'entacheront pas le voyage.

Réfléchissez aux petites victoires. Avez-vous réussi à gérer votre période de 9h à 11h sans accroc peut-être une ou deux fois cette semaine ? Célébrez ces petites victoires ! Elles représentent des progrès. La rétroaction positive encourage les efforts continus.

Si le chemin devient écrasant (et parfois il l'est), regardez les éléments qui contribuent à ce sentiment. Faut-il temporairement abaisser la barre ou diviser l'objectif en parties encore plus petites ? Faire des changements n'est pas un échec. C'est une partie naturelle de la réalisation d'un plan à long terme.

Un conseil pratique est de noter vos réflexions à la fin de chaque semaine. Cette habitude vous aide à comprendre ce qui fonctionne et ce qui ne fonctionne pas. C'est une façon de discuter avec vous-même... de vous connecter avec vos pensées et émotions profondes sur le processus. Encore une fois, pratiquez l'honnêteté mais acceptez également facilement votre humanité dans les réflexions.

Enfin, **la confiance audacieuse** ne doit pas faiblir parce que vous échouez parfois. Si les attentes ont échangé leur place avec la réalité de manière inattendue, redéfinissez simplement vos objectifs

SMART, révisez-les régulièrement, soyez gentil envers vous-même, laissez la patience émerger naturellement, appréciez les petites victoires et réfléchissez continuellement. Comme cela se passe souvent, c'est en allant plus loin que se trouve le trésor. Ajuster et réorganiser les attentes pour s'adapter au déroulement réel des événements n'est pas seulement intelligent, c'est fondamental.

Faire face au malaise et au changement

Alors, vous êtes confronté au **malaise** et au **changement** - c'est assez courant, n'est-ce pas ? La plupart d'entre nous trouvent ça difficile, mais et si nous considérions le malaise non pas comme une nuisance, mais comme une **opportunité de croissance** ? Lorsque vous sortez de votre **zone de confort**, vous grandissez - pensez-y simplement comme à un étirement. De la même manière que vous étirez vos muscles pendant l'exercice, comme lorsque vous voulez développer votre force, vous étirez vos limites mentales lorsque vous faites face au malaise.

Avez-vous déjà essayé la **pleine conscience** ? C'est une manière fantastique de faire face à ces moments inconfortables. Vous avez peut-être déjà entendu parler de la pleine conscience - s'asseoir tranquillement, se concentrer sur sa respiration. Cela aide, croyez-moi. Même de courts moments de pleine conscience, comme prêter attention à votre environnement ou à votre respiration pendant une minute ou deux, peuvent faire une grande différence. Lorsque vous vous sentez dépassé, ralentissez et soyez présent avec vos pensées et vos sentiments. Cela ne résout pas tout, mais rend le moment plus gérable.

Créer un environnement de soutien est un autre aspect clé pour faire face au malaise et accepter le changement. Avez-vous déjà remarqué à quel point les choses deviennent plus faciles lorsque les personnes autour de vous comprennent ce que vous traversez ? Les **personnes** qui savent que vous essayez de faire des changements peuvent être vraiment utiles. Elles peuvent vous encourager, vous donner des conseils, ou simplement être là pour écouter. Vous pourriez avoir besoin d'expliquer ce que vous faites et pourquoi - vous seriez surpris de voir à quel point les gens sont souvent désireux d'aider une fois qu'ils comprennent.

"Parfois, les changements que nous opérons à l'intérieur de nous-mêmes ne sont peut-être pas visibles pour tout le monde à l'extérieur - et pourtant, c'est là que la vraie magie opère."

Voici donc une approche pratique pour mettre en œuvre ces idées :

- **Reconnaissez le Malaise comme une Croissance**

Chaque fois que vous vous sentez mal à l'aise, rappelez-vous que c'est un signe de croissance. La croissance n'est généralement pas confortable, mais elle est tellement gratifiante. En changeant de perspective, vous commencez à apprécier ces moments difficiles pour ce qu'ils sont vraiment. C'est comme exercer un muscle que vous ne saviez pas avoir.

- **Pratiquez la Pleine Conscience**

Prenez l'habitude de pratiquer la pleine conscience chaque jour. Trouvez des moments pour simplement respirer et être présent, comme pendant votre routine matinale (la méditation aide). Commencez petit, peut-être une ou deux minutes, puis augmentez progressivement la durée des sessions. Il s'agit d'être conscient de vos pensées sans les juger, pas de vous en débarrasser.

- **Construisez Votre Système de Soutien**

Parlez à vos amis et à votre famille de vos objectifs et des changements que vous apportez. Demandez leur soutien, et n'hésitez pas à expliquer ce dont vous avez besoin. Vous pouvez peut-être trouver un partenaire de responsabilité qui vérifie avec vous - ou rejoindre un groupe où les gens ont des objectifs similaires. Cela rend le parcours moins solitaire et plus connecté.

- **Créez un Environnement Positif**

Entourez-vous de choses qui vous encouragent à atteindre vos objectifs. Il peut s'agir de citations inspirantes sur votre mur, d'une playlist qui vous motive, ou même de réorganiser votre espace pour refléter les changements que vous apportez. Ces petits ajustements créent un environnement qui vous soutient plutôt que de vous entraver.

- **Soyez Consistant**

Continuez même lorsque cela devient difficile. Fixez-vous de petits objectifs réalisables. Cela peut être aussi simple que de faire une séance de pleine conscience de cinq minutes par jour ou de parler à deux amis de vos nouveaux objectifs dans la semaine. La constance est ce qui maintient l'élan.

Le changement et le malaise ne doivent pas être intimidants. Ils font partie du chemin vers un meilleur vous. Chaque pas, chaque malaise est un signe que vous avancez. N'est-ce pas réconfortant de savoir que vous n'êtes pas seul dans tout cela ? Vous grandissez, vous vous étirez, et vous devenez plus fort, petit à petit.

La règle des "40%" pour repousser les limites

On a peut-être déjà dit que lorsque votre corps vous dit d'arrêter, vous n'êtes qu'à 40% de ce dont vous êtes vraiment capable. Cela semble fou, n'est-ce pas ? Mais il y a de bonnes nouvelles ici—cela signifie que vous êtes bien plus fort que vous ne le croyez. Nous avons tendance à freiner prématurément... pensant avoir atteint notre limite alors qu'en réalité, il reste encore beaucoup de carburant dans le réservoir. C'est là que la **force mentale** intervient—elle nous pousse au-delà de ces limites perçues, nous encourageant à creuser plus profondément et à continuer.

Il est crucial de savoir que ce n'est pas seulement une question de capacités physiques. La règle des 40% s'applique à nos défis quotidiens—que ce soit ce rapport fastidieux sur votre bureau ou maintenir sa concentration lors d'une séance d'étude épuisante. Le cerveau aime utiliser de petits "trucs" pour économiser de l'énergie et assurer la survie... mais vous n'êtes pas en danger immédiat en fixant un tableau Excel ! Une fois que vous comprenez que cette fatigue précoce est une illusion mentale, vous pouvez la dépasser.

Des progrès lents et progressifs sont votre meilleur allié en cela. Aller trop fort, trop vite, est un moyen sûr de s'épuiser. Au lieu de cela, pensez-y en termes de petits pas gérables :

- **Fixez des Mini-Objectifs**

  Établissez des objectifs plus petits dans le cadre de votre défi principal. Si vous courez, au lieu d'une distance de 5 miles, visez des points de contrôle progressifs—comme le prochain lampadaire ou les prochains pâtés de maisons. Atteindre avec succès ces mini-objectifs renforce la confiance et rend l'objectif global moins intimidant.

- **Indices Visuels et Affirmations**

  Des affirmations simples peuvent faire des merveilles lorsque la fatigue mentale commence à se faire sentir. Des phrases rapides comme "Je suis à 40%, juste un peu plus," peuvent détourner votre esprit de l'abandon prématuré. Utilisez des notes et des rappels autour de votre espace de travail ou même sur vos vêtements de sport. Les indices visuels vous rappellent vos véritables capacités.

- **Techniques de Relaxation**

  Prendre une pause pour respirer profondément, vous répéter constamment "Je peux le faire," tout en relaxant vos muscles, peut sembler mineur, mais avec le temps cela renforce votre résolution mentale. Gardez ce mantra en tête—même lorsque vous vous sentez vaincu.

Voici un aperçu qui pourrait aider :

"Repousser vos limites ne consiste pas à faire des bonds géants de dernière minute... c'est prendre un petit pas de plus lorsque votre esprit vous crie d'arrêter."

Ensuite, démystifions un mythe courant sur le progrès—il n'a pas besoin d'être dramatique ou viral. Faire des **progrès lents et durables** est la clé. Bien sûr, vous pourriez avoir des effets de burst occasionnellement mais viser à toujours surpasser les attentes pose les bases pour une vraie épuisement. Voici ce qu'il faut faire à la place :

- **Avoir des points de contrôle réguliers :** À la fin de chaque semaine, évaluez vos progrès. Avez-vous repoussé cette limite des 40% ne serait-ce qu'un peu ? Les petits pas comptent !
- **Écoutez votre corps—mais pas trop.** Cela semble contradictoire, n'est-ce pas ? Faites attention, mais réfléchissez objectivement—est-ce de la fatigue réelle ou simplement la règle des 40% qui entre en jeu ?
- **Célébrez les micro-victoires.** Sans en faire trop, reconnaissez même les plus petits accomplissements. La récompense positive est un excellent moyen de tromper votre cerveau pour lui inspirer davantage de confiance.

Le chemin pour maîtriser cette règle est un mélange de repousser les limites et de se montrer doux envers soi-même. Le but n'est pas de tout conquérir en une seule fois, mais de progresser régulièrement en élargissant ces limites petit à petit... Sachant que vous êtes plus fort et plus capable à chaque petit pas que vous faites. N'est-ce pas une pensée réconfortante et inspirante ?

Passons à la pratique !

D'accord, lecteurs ! Vous avez avancé à grands pas à travers le merveilleux livre "The Power of Positive Self-Discipline", et nous voici au Chapitre 6, prêts à retrousser nos manches et à affronter les écueils courants. Nous allons appliquer tout ce que nous avons appris sur la procrastination, surmonter l'inconfort, gérer les attentes irréalistes, et utiliser la "Règle des 40%" pour ce petit coup de pouce supplémentaire. Alors, allons-y !

Étape 1 : Comprendre et Utiliser la Loi de Parkinson

Cette étape consiste à mettre la Loi de Parkinson à votre service. L'idée est simple : le travail s'étend pour remplir le temps disponible pour sa réalisation. Donc, oui, ce délai que vous avez ? Rapprochez-le.

Que faire : Donnez-vous un délai plus serré et plus urgent pour une tâche que vous avez repoussée. Par exemple, si vous avez un rapport à rendre dans une semaine, dites-vous qu'il doit être prêt dans trois jours.

Exemple : Si vous avez l'habitude de passer tout le week-end à nettoyer votre maison, programmez une alarme et visez à le faire en deux heures. Vous serez surpris de voir à quelle vitesse cela avance quand le temps presse !

Étape 2 : Gérer les Attentes

Les attentes peuvent être une grosse charge, et généralement pas de manière positive. Avoir des attentes irréalistes sur ce que vous pouvez faire ne fera que vous décourager.

Que penser/dire : Faites le point sur vos objectifs - sont-ils raisonnables pour le délai ? Demandez-vous : "Puis-je vraiment accomplir cela avec les ressources dont je dispose actuellement ?" Ajustez si nécessaire.

Exemple : Au lieu de vous attendre à devenir expert en français en un mois, fixez l'objectif réaliste d'apprendre des phrases de conversation de base sur trois mois. Vous en ferez plus et vous vous sentirez mieux !

Étape 3 : Combattre le Syndrome de l'Espoir Illusoire

Le Syndrome de l'Espoir Illusoire survient lorsque les attentes sont beaucoup trop élevées - nous parlons de se préparer à une déception.

Que penser : Rappellez-vous que le changement durable prend du temps. Évitez les pensées fugaces du genre : "Je vais perdre 30 livres en un mois !" (Votre balance et votre santé vous remercieront.)

Exemple : Si votre objectif est d'être en forme, commencez par des objectifs atteignables, comme aller à la salle de sport trois fois par semaine au lieu d'y aller tous les jours. De petits pas réguliers s'additionnent au fil du temps.

Étape 4 : Stratégies pour Battre la Procrastination

Cela peut être l'éléphant dans la pièce pour beaucoup d'entre nous. S'attaquer aux tâches de front quand on n'en a vraiment pas envie est une compétence qui nécessite d'être affinée.

Que faire : Divisez les tâches en morceaux plus faciles à gérer et attaquez-les une par une.

Exemple : Si vous devez écrire un essai, ne pensez pas à l'essai dans son ensemble. Dites-vous simplement : "Je vais écrire l'introduction maintenant." Une fois que vous êtes lancé, le reste peut sembler moins intimidant.

Étape 5 : Faire Face à l'Inconfort et au Changement

Le changement n'est jamais facile, et reconnaissons-le, l'inconfort est... et bien, inconfortable. Mais la croissance se produit en dehors de la zone de confort.

Que faire : Introduisez progressivement les changements et acceptez cet inconfort plutôt que de le fuir.

Exemple : Si vous visez un mode de vie plus sain, ne jetez pas tous les en-cas le premier jour. Commencez plutôt par remplacer un en-cas sucré par un fruit, puis évoluez à partir de là.

Étape 6 : Appliquer la "Règle des 40%"

La "Règle des 40%" dit essentiellement que lorsque vous pensez avoir atteint votre limite, vous n'êtes en réalité qu'à 40% de votre véritable capacité.

Que faire : Lorsque vous avez l'impression de renoncer à une tâche, dites-vous que vous pouvez gérer un peu plus. Pensez aux défis passés où vous avez persévéré et fini par vous surprendre.

Exemple : Si vous courez et que vous avez l'impression de ne pas pouvoir continuer, poussez-vous à courir pendant deux minutes de plus. Souvent, vous découvrirez que vous pouvez aller au-delà de ce que vous pensiez initialement possible.

Et voilà - une approche pratique et impliquée pour intégrer les leçons du Chapitre 6 dans votre vie. Pas à pas, vous pouvez surmonter les écueils courants avec la bonne mentalité et les bonnes techniques. Essayez ces étapes et, surtout, soyez bienveillant envers vous-même tout au long du chemin !

Partie 3 : Pratiquer la Discipline Positive

Chapitre 7 : Maîtrise de la gestion du temps

"Le temps est ce que nous voulons le plus, mais ce que nous utilisons le pire."

-- Alors, parlons de la **gestion du temps**. Vous vous retrouvez souvent à courir à la fin de la journée, vous demandant où sont passées toutes les heures ? Nous avons tous des tâches qui s'accumulent sans fin, n'est-ce pas ? Ce chapitre est votre bouée de sauvetage pour reprendre le contrôle de votre emploi du temps.

Nous aborderons des techniques qui transforment la façon dont vous voyez—et utilisez—votre temps. La **Technique Pomodoro** promet des périodes de travail concentré, tandis que le **Blocage du Temps** vous aide à maximiser la productivité. La **Matrice d'Eisenhower** ? Un cours magistral sur la priorisation. La **Règle des Deux Minutes**—une manière rapide de terminer les petites tâches—ainsi que le "**Travail Profond**" pour ces moments où l'efficacité est non négociable.

Vous vous êtes déjà senti submergé et enseveli sous une montagne de tâches ? Vous n'êtes pas seul. Nous explorerons des stratégies qui s'attaquent au stress de front et **accroissent l'efficacité**. Imaginez accomplir davantage sans prolonger les heures de travail. Réaliser cela n'est pas de la rocket science, juste des stratégies astucieuses que vous pouvez intégrer dans votre style de vie.

Lecture de ce chapitre vous dote d'outils tangibles—à la fin, vous vous demanderez comment vous avez pu vous en passer. Abandonnez le chaos et accueillez un monde où le temps est votre allié. Prêt pour un changement ? Commencez maintenant... et commençons !

Technique Pomodoro pour un travail concentré

Imaginez définir de courts blocs de temps gérables pour accomplir vos tâches. C'est le cœur de la Technique Pomodoro : travailler par intervalles de **25 minutes** avec des **pauses de 5 minutes**, donnant à votre cerveau l'occasion de se rafraîchir régulièrement. Nous avons souvent du mal avec le multitâche et faisons face à l'épuisement. Mais et si nous pouvions transformer le fait de rester concentré en un jeu agréable ?

Étape : Prenez un minuteur

Vous aurez besoin d'un minuteur. Ça peut être un simple minuteur de cuisine ou une application sur votre téléphone. Cette étape est cruciale. Vous avez besoin d'un moyen tangible pour suivre vos périodes de concentration de 25 minutes. Lorsque le minuteur démarre, vous êtes prêt à vous plonger dans votre tâche.

Étape : Réglez le minuteur sur 25 minutes

Ayez une tâche spécifique en tête et réglez votre minuteur sur 25 minutes. Pourquoi ne pas vous attaquer à ce rapport qui traîne sur votre bureau ou à l'organisation de vos e-mails ? Pendant ces 25 minutes, se concentrer sur le travail n'est pas seulement idéal, c'est nécessaire. Ne permettez aucune distraction et concentrez-vous comme un faisceau laser.

Étape : Travaillez jusqu'à ce que le minuteur sonne

En travaillant, vous pourriez remarquer que rester engagé n'est pas si difficile. Vous consacrez un temps solide et ininterrompu, après tout. Un e-mail inconnu ou un téléphone qui sonne ne viendra pas perturber votre rythme. C'est incroyable combien vous pouvez accomplir lorsque rien ne casse votre tempo !

Étape : Prenez une pause de 5 minutes

Voici les courtes vacances que vous avez promises à votre cerveau ! Levez-vous, étirez-vous, prenez un peu d'eau, ou regardez par la fenêtre. Vous avez mérité ce temps de repos, pas besoin de vous sentir coupable. L'objectif est de laisser votre esprit respirer un peu.

Étape : Répétez les étapes 1 à 4

Rester sur la bonne voie signifie faire plusieurs Pomodoros à la suite. Cependant, après quatre séries, vous voudrez une pause plus longue, d'environ 15 à 30 minutes. Il est gratifiant de savoir que des "réinitialisations" régulières aident à maintenir votre énergie tout au long de la journée.

"Cette structure non seulement améliore la concentration, mais réduit également les symptômes de l'épuisement professionnel."

L'engagement compte. S'immerger dans ce cycle vous permet de maintenir des niveaux élevés de productivité. De plus, le tic-tac de l'horloge sert de rappel pour maintenir un effort constant dans l'accomplissement de votre travail, sachant qu'une pause est toujours proche.

Passage à la pratique

Que se passe-t-il si je manque un Pomodoro pour une raison quelconque ? Simple ; réajustez et continuez... Ne vous inquiétez pas de manquer x minutes - réglez simplement votre minuteur sur 25 minutes et recommencez. La vie est pleine de petits hoquets, et c'est plus une question de constance que de règles strictes.

Application universelle

Des devoirs scolaires aux tâches professionnelles, mettre cela en place peut être révélateur. Les devoirs de mathématiques ne semblent-ils pas moins redoutables lorsqu'ils sont divisés en portions gérables ? De même, travailler sur cet article semble moins imposant en sachant que les pauses garantissent que vous ne fixez pas trop longtemps l'écran.

Pourquoi le Pomodoro prévient l'épuisement professionnel

En divisant le travail en courtes périodes, vous créez des limites claires, réduisant la fatigue mentale. Vous ne vous épuisez pas en passant des heures interminables sur des tâches, vous sentant totalement vidé lorsque la soirée arrive. La constance devient amusante lorsqu'elle est ponctuée d'efforts récompensés.

C'est incroyablement motivant - chaque minuteur, une petite promesse de quelque chose accompli et quelque chose que vous vous offrez : un rapide étirement des jambes ou un espace propre vers lequel vous pouvez revenir. Peut-être que c'est une habitude qui vaut la peine d'être cultivée... parmi les horaires fous de la vie, ces astuces pratiques promettent de maintenir la concentration et de stimuler l'esprit.

Essayez ceci. Donnez-lui quelques jours ; voyez si cette méthode devient votre approche fiable pour jongler avec les défis quotidiens. Souvent, il s'agit de trouver de petites stratégies qui s'intègrent parfaitement dans votre routine, apportant une différence notable avec le temps. Concentrez-vous et récompensez-vous en chemin !

Blocage du temps pour maximiser la productivité

Allouer des créneaux horaires spécifiques pour les tâches est transformateur - je veux dire, ça fait vraiment avancer les choses. Il s'agit de fixer des limites dans votre emploi du temps, en veillant à ce que chaque tâche ou activité ait une heure de début et de fin définie. Imaginez que vous avez une présentation de travail à venir. Vous pourriez allouer 9h-11h pour la recherche, 11h-13h pour la rédaction, et 14h-16h pour finaliser les diapositives. Fondamentalement, vous consacrez du temps dédié pour vous concentrer sur une tâche à la fois. Garde votre esprit sur la bonne voie, tu sais?

La vie peut être un tourbillon... les notifications sur les réseaux sociaux, les e-mails, même ces pauses tentantes pour grignoter peuvent interrompre votre flux. C'est pourquoi il est si utile de planifier systématiquement des pauses. Lorsque vous planifiez une pause de 10 minutes toutes les heures, cela vous donne quelque chose à attendre tout en gardant les distractions à distance. Lorsque ces pauses fixes font partie de votre routine, même Twitter et Facebook ne peuvent pas vous détourner de votre chemin. De plus, votre cerveau bénéficie de mini-réinitialisations, ce qui facilite le maintien de la productivité.

Et parlons d'équilibre. Passer des heures attaché à votre bureau n'est ni sain, ni amusant. Il est primordial d'équilibrer le travail et le temps personnel, afin que votre esprit ne se sente pas trop sollicité. Si vous bloquez 13h-15h pour un travail intense, n'hésitez pas à planifier du temps pour une promenade ou un passe-temps de 15h à 16h. Ce n'est pas du farniente; c'est s'assurer que vous êtes au meilleur de vous-même, tant sur le plan professionnel que personnel. Ne sous-estimez jamais comment prendre une pause peut réellement "recharger" vos circuits mentaux.

D'accord, passons à un scénario pratique. Supposez que vous êtes ingénieur. Vous travaillez sur un gros projet qui comporte plusieurs facettes - analyse, programmation, tests. Voici comment vous pouvez organiser votre semaine:

- **Bloc du matin:** Analyse et planification, sans interruption. Vous possédez ce temps - pas de réunions, pas d'appels.
- **Fin de matinée:** Examiner les progrès avec les coéquipiers, obtenir des retours. Temps de collaboration.
- **Bloc de l'après-midi:** Concentration, temps de codage. Travail approfondi sans distractions.
- **Fin d'après-midi:** Temps décontracté pour conclure, petites tâches ou détente.

Identifier les priorités

Tout d'abord, qu'est-ce qui a vraiment besoin de votre attention aujourd'hui? Notez-le. Les tâches avec des délais doivent être notées comme des priorités de premier plan - celles-ci ont naturellement la priorité. "Qu'est-ce que je dois accomplir d'ici la fin de la journée?"

Allouer des blocs de temps

En fonction de ces priorités, définissez des créneaux horaires dédiés. Si écrire un rapport doit prendre 2 heures, alors mettez-le dans votre calendrier de, par exemple, 10h à midi. Utilisez un agenda physique, si vous aimez cette sensation tactile, ou une application qui vous permet de bloquer du temps dans votre calendrier numérique.

Planifier des pauses

Ne sautez pas cette étape. Utilisez les pauses comme des jalons dans votre journée. Celles-ci peuvent être des pauses de 5 minutes toutes les heures ou une pause déjeuner plus longue à midi. Croyez-moi, ça fait toute la différence.

Équilibre et flexibilité

Les choses ne se passent pas toujours comme prévu... et c'est normal. Laissez une marge de manœuvre avec des périodes tampons entre les tâches principales. Si quelque chose prend plus de temps que prévu, vous n'êtes pas immédiatement en retard.

La productivité, vraiment, colore une meilleure vie pour nous tous. Ce n'est pas toujours juste une question de terminer des tâches, **il s'agit aussi de se sentir accompli lorsque le travail est terminé.**

"Votre temps est comme de l'eau - il prendra la forme du contenant dans lequel vous le versez."

Mettez en pratique ces principes, et vous aimerez voir les tâches cochées sans vous sentir épuisé, *et* vous vous accorderez du temps personnel bien mérité. De petits ajustements, de grands bénéfices - voilà le blocage du temps pour vous!

Matrice d'Eisenhower pour la priorisation

Comprendre comment prioriser peut transformer la façon dont nous gérons notre temps. La **matrice d'Eisenhower**, nommée d'après le Président Eisenhower, est un excellent outil pour cela. Elle divise les tâches en quatre quadrants :

- Urgent et Important
- Pas Urgent mais Important
- Urgent mais Pas Important
- Pas Urgent et Pas Important

Commençons par nous concentrer d'abord sur les tâches à haute priorité. Celles-ci se trouvent clairement dans le quadrant **Urgent et Important**. Ce sont les tâches qui exigent une attention immédiate car elles impactent directement vos objectifs ou votre bien-être. Par exemple, se préparer pour une grande présentation au travail pour demain, ou prendre des médicaments à temps. Elles devraient être en haut de votre liste - vous évitant ainsi la panique de dernière minute.

Ensuite, nous avons les tâches **Pas Urgentes mais Importantes** - des choses comme planifier pour l'avenir, faire de l'exercice régulièrement, ou pratiquer un hobby. Ces tâches ne crient pas à l'attention maintenant mais sont cruciales pour le succès et le bonheur à long terme. Malheureusement, parce qu'elles ne sont pas urgentes, elles sont souvent repoussées. Pour les aborder, définissez des créneaux horaires spécifiques. Si vous devez rédiger un rapport d'ici la fin du mois, allouez-y un peu de temps chaque jour - n'attendez pas la veille de la date limite.

Ensuite, nous avons les tâches **Urgentes mais Pas Importantes**. Ce sont des tâches chronophages qui peuvent ne pas ajouter beaucoup de valeur à votre vie. Pensez à ces e-mails inattendus mais à faible impact, messages, ou demandes mineures de la part de collègues. Une bonne stratégie ici ? Déléguer ces tâches si vous le pouvez. Avoir de l'aide extérieure peut libérer du temps pour des questions plus importantes.

Enfin, les tâches **Pas Urgentes et Pas Importantes** sont les tâches "inutiles" - soyons réalistes, regarder des séries en boucle tombe probablement ici. Elles ne procurent pas de joie et n'aident pas votre progression. Soyez impitoyable... éliminez-les complètement ou réduisez-les significativement. Au lieu de vous plonger dans un défilement sans fin des réseaux sociaux, passez quelques minutes supplémentaires sur quelque chose que vous aimez et qui a plus de sens.

Voici un plan décomposé en étapes :

Étape 1 : Énumérez toutes les tâches.

Notez tout ce que vous avez à faire. Ne vous inquiétez pas de la catégorisation pour le moment - c'est juste un déversement cérébral.

Étape 2 : Triez-les en quadrants.

Utilisez les quatre catégories de la Matrice d'Eisenhower. Cette partie peut prendre un peu de temps à réfléchir. Les tâches comme payer des factures ou terminer des devoirs vont dans Urgent et Important. Apprendre une nouvelle compétence ou développer une routine d'entraînement correspond à Pas Urgent mais Important. Quelqu'un demandant de l'aide immédiate pour une tâche non critique pourrait être classé dans Urgent mais Pas Important. Enfin, naviguer sur des ventes en ligne pourrait être Pas Urgent et Pas Important.

Étape 3 : Concentrez-vous sur les tâches à haute priorité.

Déplacez les tâches du quadrant Urgent et Important à travers un plan clair. Inscrivez-les dans votre emploi du temps.

Étape 4 : Planifiez les activités importantes mais non urgentes.

Accordez-leur des blocs de temps solides dans votre calendrier. Prendre du temps pour ces tâches empêchera qu'elles ne deviennent des urgences.

Étape 5 : Déléguer ou diminuer les tâches à faible priorité.

Pour tout ce qui se trouve dans le quadrant Urgent mais Pas Important, voyez si vous pouvez les déléguer à quelqu'un d'autre. Automatisez les processus si possible - faites-en moins une préoccupation.

Étape 6 : Éliminez les distractions.

Soyez ferme avec ce qui se trouve dans le quadrant Pas Urgent et Pas Important. Éliminez-les totalement certains jours ou réduisez-les considérablement. Réfléchissez à la façon dont vous passez ces minutes libres.

Équilibrer les tâches peut sembler difficile, mais utiliser la **Matrice d'Eisenhower** peut révolutionner votre gestion du temps. Définissez des priorités, contrôlez votre emploi du temps et atteignez vos objectifs avec moins de difficultés.

"Ce qui est important est rarement urgent et ce qui est urgent est rarement important."

Voilà, l'essence de maintenir le contrôle sur votre temps et vos tâches, sans avoir l'impression de vous noyer dedans. **Priorisez toujours judicieusement et lâchez prise sur ces distractions.**

La règle des deux minutes pour s'attaquer aux petites tâches

S'il y a une chose qui fait une énorme différence dans la vie quotidienne, c'est la compréhension que les petites tâches doivent être faites immédiatement si elles prennent moins de deux minutes. C'est simple mais puissant. Souvent, ces petites tâches - comme répondre à un e-mail, prendre rendez-vous chez le dentiste ou ranger vos chaussures - ne prennent pas beaucoup de temps individuellement. Mais avouons-le, elles s'accumulent rapidement. Avant même de vous en rendre compte, la liste que vous êtes en train de traiter devient un peu trop intimidante.

En adoptant cette règle des deux minutes, vous pouvez réduire la procrastination sur ces petites corvées. Pensez-y : avoir une liste qui comporte constamment ces tâches faciles à faire en attente peut être incroyablement accablant. Il est difficile de savoir par où commencer. Mais en complétant les tâches dès que vous les rencontrez (à condition qu'elles entrent dans la fenêtre de deux minutes), vous deviendrez beaucoup plus efficace et vous vous sentirez moins accablé par elles.

Vous voyez, lorsque vous décidez que tout ce qui prend moins de deux minutes est fait immédiatement, vous remarquerez une réduction massive de votre charge de travail globale. Vous avez moins de tâches qui vous tirent mentalement vers le bas. Naturellement, lorsque vous êtes moins occupé mentalement, vous pouvez mieux vous concentrer sur des tâches plus complexes sans vous sentir alourdi.

Cet e-mail dans votre boîte de réception demandant une confirmation rapide ? Donnez-lui trois secondes, lisez-le et confirmez. Jetez les ordures en passant devant la poubelle... juste quelques secondes de votre vie. Votre objectif est de **maintenir votre liste de tâches gérable**. Personne ne veut une liste interminable de choses à faire remplie d'items qui auraient pu être facilement cochés des heures, voire des jours, auparavant. Laissez ces tâches simples s'écouler de votre chemin aussi facilement que possible.

Je vais vous avouer, il y a eu des jours où j'ai repoussé l'appel pour une livraison de pizza de toutes choses - une pizzeria dans le répertoire rapide, vous vous souvenez ? - parce que cela semblait être trop d'efforts. Mais avec la règle des deux minutes, cela n'a pas besoin de se produire. Composez le numéro, passez la commande, raccrochez. Et voilà, c'est fait avant même que vous ne vous en rendiez compte. Au revoir, petite tâche. À jamais !

Étant pratique ici, **Identifiez** vos tâches de moins de deux minutes dès qu'elles apparaissent. Notez celles que vous remarquez prennent presque aucun temps du tout. **Faites-le maintenant** ! Ne le remettez pas à plus tard. **Révisez**. Réfléchissez régulièrement à savoir si d'autres tâches doivent être ajoutées à cette colonne des deux minutes. Avec le temps, cette pratique ne nécessite aucune réflexion - elle devient automatique, une seconde nature.

Voici une citation qui souligne magnifiquement l'action par rapport à la réflexion :

"La seule façon de donner un sens au changement est de s'y plonger, de le suivre et de danser avec lui."

La danse est dans la salle de livraison ! Soyez audacieux avec elle, traitez ces petites tâches immédiatement et fréquemment... Chaque tâche terminée avec succès allège votre charge de travail. Votre liste de tâches devient plus ordonnée et votre esprit paisible.

Des stratégies simples et réalisables, pratiquées régulièrement, font toute la différence. Vous établissez la routine, la règle fait le travail. Vous vous sentez finalement renforcé et plus en contrôle.

Aussi petites que peuvent sembler les tâches de deux minutes, elles sont importantes. Écrasez-les immédiatement, évitez l'encombrement mental et profitez de votre liberté pour vous attaquer à des aspects plus engageants de la vie. Continuez ainsi et remarquez le changement.

Travail Profond pour une Efficacité Maximale

Le **travail profond** est la sauce secrète lorsque vous voulez accomplir des choses sans tracas. Vous devez réserver du temps ininterrompu pour un travail concentré, où vous pouvez vous concentrer sur une tâche sans que mille choses ne cherchent à attirer votre attention. Considérez-le comme le fait de créer une bulle de calme dans votre journée, un moment où il n'y a que vous et votre projet.

Commencez par créer un espace sans distractions. Désactivez les notifications sur votre téléphone, fermez tous les onglets de navigateur inutiles, et faites savoir à tout le monde autour de vous que vous êtes en mode "travail profond". De cette manière, vous ne serez pas interrompu par des notifications ou des défilements sur les réseaux sociaux. Vous devez protéger ce temps comme s'il était aussi important qu'une réunion avec votre patron, car en réalité, c'est un peu le cas.

Il est également crucial de planifier ces périodes de travail profond dans votre routine quotidienne. Vous ne voulez pas laisser cela au hasard ou le remettre à plus tard, car alors... cela ne se produira probablement pas. Inscrivez-le dans votre calendrier. Peut-être une heure le matin lorsque votre esprit est frais, ou une heure après le déjeuner lorsque vous avez besoin d'une pause par rapport aux réunions. La clé ici est d'être proactif. Vous devez gérer votre emploi du temps, et non l'inverse.

- **Définissez le Temps**

  Choisissez un bloc horaire spécifique chaque jour pour le travail profond. Que ce soit de 9h à 11h ou de 14h à 16h, la régularité est importante.

- **Préparez votre Environnement**

  Éliminez les distractions. Cela va de verrouiller la porte à mettre votre téléphone en mode Ne pas Déranger.

- **Soyez Intentionnel avec votre Temps**

  Utilisez ce temps pour vos tâches les plus importantes - celles nécessitant toute votre puissance cérébrale. Que vous travailliez sur une grande présentation, rédigiez un rapport, ou envisagiez un projet futur, c'est le moment d'y mettre toute votre énergie.

- **Communiquez**

  Informez vos collègues ou votre famille que vous ne devez pas être dérangé pendant ce temps. Mettez un panneau ou envoyez un message rapide.

Maintenant parlons de productivité... Lorsque vous éliminez les distractions, vous ne terminez pas seulement les tâches plus rapidement, mais vous produisez également un travail de meilleure qualité. C'est comme passer d'un pilote automatique à un super-pilote.

"Ce qui est vraiment important est rarement urgent, et ce qui est urgent est rarement important."

Cette mentalité vous aidera à établir des priorités pendant vos périodes de travail profond. Il est facile de rester bloqué en mode réaction, en gérant les problèmes qui surviennent ce jour-là. Mais le travail profond vous aide à avancer sur de grands objectifs - ceux qui font avancer les choses.

Un avantage majeur que j'ai remarqué est que le progrès que vous réalisez peut en fait vous *motiver*. Vous commencez à voir des résultats - pas seulement des tâches sans importance. Vous finalisez des brouillons, terminez ces rapports, et créez des présentations convaincantes. C'est un progrès concret.

Un exemple rapide: Si vous avez une présentation à venir, utilisez votre temps de travail profond pour la recherche, l'organisation et la création des diapositives sans interruption. Désactivez les e-mails, mettez temporairement hors service les comptes de réseaux sociaux, et informez vos collègues que vous serez hors ligne pendant un moment. Vous pourriez être surpris de tout ce que vous accomplirez en deux heures de travail concentré par rapport à une journée entière parsemée de distractions.

Considérer ce temps comme exclusivement le vôtre vous redonne du pouvoir - vos objectifs, votre vision. C'est tellement plus précieux que ce que les gens pensent. Alors, fixez ces limites, réservez ce temps, et vraiment... impliquez-vous. Tout est une question de faire du travail profond une partie non négociable de votre routine. C'est l'avantage dont vous avez besoin pour atteindre vos objectifs sans trop d'efforts.

Passons à la pratique!

Bien, attachez vos ceintures, car nous plongeons directement dans un exercice pratique qui donnera vie à tous les concepts du Chapitre 7! Équipé de ces outils, vous allez gérer votre temps comme jamais auparavant. Prêt?

Étape 1: Identifiez vos tâches

Prenez une feuille de papier ou ouvrez votre application de prise de notes préférée et notez tout ce que vous devez faire. Incluez même les tâches les plus petites, car nous n'en laissons rien de côté.

Par exemple:

- Terminer la présentation pour la réunion de demain.
- Répondre aux e-mails en attente.
- Rechercher pour le nouveau projet.
- Appeler votre ami pour lui souhaiter un joyeux anniversaire.
- Organiser le bureau en désordre.
- Corriger de petits bugs dans le projet.

Cette étape aide à avoir une image claire de ce qui vous attend.

Étape 2: Priorisez avec la Matrice d'Eisenhower

Sur une nouvelle feuille de papier (ou une nouvelle page dans votre application), dessinez une grande croix pour la diviser en quatre quadrants. Étiquetez-les:

- Urgent et Important
- Non Urgent mais Important
- Urgent mais Pas Important

- Pas Urgent et Pas Important

Ensuite, classez vos tâches dans ces quadrants. Et soyez honnête avec vous-même!

Par exemple:

- **Urgent & Important:** Terminer la présentation, répondre à un e-mail de votre patron.
- **Non Urgent mais Important:** Rechercher pour le nouveau projet.
- **Urgent mais Pas Important:** Appeler votre ami.
- **Pas Urgent et Pas Important:** Organiser votre bureau en désordre.

Cela aide votre cerveau à changer de priorités pour ce qui compte vraiment.

Étape 3: Décomposez avec le Blocage du Temps

Maintenant, regardez vos tâches urgentes et importantes. Divisez votre journée (ou la période de temps que vous avez) en tranches où vous vous concentrerez sur chaque tâche majeure.

Par exemple:

- 9h00-10h00: Terminer la présentation.
- 10h00-10h30: Pause / Café.
- 10h30-11h30: Répondre à tous les e-mails urgents.
- 11h30-13h30: Travail profond - Recherche sur le nouveau projet.

Je veux dire, réfléchissez-y! Vous saurez exactement où diriger votre énergie sans vous sentir submergé.

Étape 4: Utilisez la Technique Pomodoro

C'est là que ça devient amusant! Pour vos tâches importantes, divisez le temps en segments plus petits et gérables en utilisant la Technique Pomodoro. Réglez un minuteur pour **25 minutes** (un Pomodoro), travaillez sur une tâche, puis prenez une pause de 5 minutes. Répétez cela 4 fois, puis prenez une pause plus longue de 15 à 30 minutes.

Exemple:

Si vous faites des recherches pour le nouveau projet de 11h30 à 13h30, réglez votre minuteur pour 25 minutes de travail concentré, puis faites une pause de 5 minutes (prenez une collation, étirez-vous, ou regardez par la fenêtre). Cela vous garde frais et concentré!

Étape 5: Mettez en œuvre la Règle des Deux Minutes

Avez-vous des tâches qui ne prennent que quelques minutes? Saisissez-les immédiatement si vous savez qu'elles ne prendront pas plus de deux minutes à accomplir.

Exemples:

- Envoyer un e-mail d'accusé de réception rapide: "Merci pour votre e-mail. Je vous répondrai d'ici la fin de la journée."
- Classer ce document qui traîne sur votre bureau.
- Vérifier rapidement la mise à jour de l'état du projet par un collègue.

Éliminez rapidement ces petites tâches pour alléger votre charge de travail et libérer votre esprit.

Étape 6: Plongez dans le Travail Profond pour une Efficacité Maximale

Choisissez cette tâche importante et à fort impact qui vous rapprochera de vos objectifs (probablement en provenance du quadrant Non Urgent mais Important).

Réservez une période de temps ininterrompue (reportez-vous à votre plan de Blocage du Temps). Pas d'e-mails, de téléphones, ou de distractions - juste. pure. concentration.

Exemple:

Vous avez réservé de 11h30 à 13h30 spécifiquement pour travailler intensément sur la recherche du nouveau projet. Plongez. Déconnectez-vous des réseaux sociaux et fermez les onglets inutiles.

Croyez-moi, cette immersion porte ses fruits.

Étape 7: Révisez et Ajustez

Vers la fin de votre temps planifié, prenez quelques instants pour évaluer ce que vous avez accompli.

- Avez-vous terminé la présentation?
- Vos e-mails ont-ils été répondus?
- Comment se déroule la recherche du projet?
- Y a-t-il encore des choses en attente dans votre quadrant Non Urgent mais Important?

L'évaluation vous aide à voir les progrès (ce qui est incroyable) et à ajuster vos plans si nécessaire.

Voilà - des étapes pratiques pour maîtriser les techniques du Chapitre 7, toutes conçues pour rationaliser votre charge de travail et maximiser votre productivité! Profitez du processus d'accomplissement réel des tâches. Enchaînez ces étapes, et vous trouverez un rythme qui fonctionne à merveille. Après tout, maîtriser la gestion du temps ne consiste pas seulement à travailler plus dur mais à travailler plus intelligemment. Bonne planification!

Chapitre 8: Applications Pratiques dans la Routine Quotidienne

"De petites améliorations quotidiennes sont la clé de résultats à long terme stupéfiants."

Ce chapitre traite de l'incorporation de **l'autodiscipline** dans vos activités quotidiennes. Avez-vous déjà eu l'impression que rester constant est une montagne trop difficile à escalader? Vous n'êtes pas seul. Nous verrons comment **maintenir la cohérence** afin que cela soit aussi naturel que de se brosser les dents. Nous explorerons également la meilleure façon de **suivre vos progrès** et de faire ces petits ajustements qui font toute la différence. Et voici la cerise sur le gâteau... des **exemples concrets de surmonter des obstacles** et des stratégies pour **célébrer ces petites victoires et jalons**.

Imaginez-vous vous réveiller chaque jour en vous sentant au sommet de votre forme, tout coulant sans effort... cela semble incroyable, n'est-ce pas? Le but de ce chapitre est de vous donner les clés pour que cela se produise. Que ce soit pour conquérir les tâches quotidiennes ou travailler sur des objectifs personnels plus importants, suivre un plan cohérent peut transformer votre routine.

En continuant votre lecture, vous réaliserez que même de petits efforts peuvent mener à de grandes récompenses. Vous verrez à quel point il peut être facile de mettre en œuvre ces stratégies et de récolter les avantages émotionnels et fonctionnels. Prêt à voir un peu de **magie pratique** dans votre routine quotidienne? Entamons-le - le voyage riche vous attend!

Mise en œuvre de la discipline personnelle dans les activités quotidiennes

Mettre en œuvre la discipline personnelle dans notre vie quotidienne implique quelques étapes très pratiques qui rendent tout non seulement possible mais fluide. Tout commence par savoir **comment prioriser les tâches** pour une efficacité maximale. Nous avons souvent des choses qui s'accumulent, et cela devient compliqué lorsque nous ne savons pas par où commencer. Un truc simple ? Divisez vos tâches en "urgentes" et "importantes". Les efforts sur les tâches urgentes vous aident à gérer les besoins immédiats, libérant votre temps pour gérer les tâches importantes sans panique constante.

Fixer des objectifs quotidiens clairs et réalisables est également monumental. Asseyez-vous un moment chaque matin et notez ce que vous devez absolument accomplir ce jour-là. Soyez clair sur ce à quoi ressemble le succès - ne vous surchargez pas trop, sinon cela se retournera contre vous. Avez-vous déjà essayé de gravir une colline raide lorsque vous êtes fatigué ? Pas amusant. Diviser ces tâches en petites étapes les rend beaucoup moins effrayantes.

Et en parlant de grandes tâches... accablantes, n'est-ce pas ? Pensez à vider le garage. Commencez par un coin, pas tout l'espace. Ne visez pas la perfection en une journée ; **accomplir des petites choses** donne un sentiment de progression. Vous pouvez voir les progrès à chaque petite étape accomplie d'une tâche immense.

Par exemple :

- Videz une étagère dans le placard au lieu de tout l'ensemble.
- Écrivez une page de ce long rapport que vous redoutez plutôt que d'insister pour le terminer.

- Consacrez dix minutes à organiser un tiroir au lieu d'un bureau entier en désordre.

De cette manière, vos efforts se multiplient, rendant les tâches plus grandes - moins imposantes. De plus, il est absolument essentiel de comprendre la nature humaine de base ici : **progression = motivation**.

Voici quelques conseils supplémentaires pour que les roues tournent en douceur :

- **Doucement dans la matinée :** Évitez votre téléphone ou vos e-mails pendant la première heure après le réveil. C'est votre heure dorée - utilisez-la pour définir votre humeur pour la journée.
- **Une chose à la fois :** Le multitâche semble cool, mais souvent il conduit à des résultats médiocres et à un sentiment d'overwhelm. Concentrez-vous pleinement sur une tâche, accomplissez-la, passez à la suivante.
- **Prenez des pauses :** Accordez-vous la permission de prendre de courtes pauses. Ce n'est pas perdre du temps - c'est garantir un travail de qualité lorsque votre cerveau se repose.

Mais comment suivre réellement des plans difficiles ? Voici un processus fiable étape par étape pour réussir la discipline personnelle dans les activités quotidiennes :

- **Création d'une liste de tâches**

    Notez tout ce que vous devez faire - plus c'est détaillé, mieux c'est.

- **Prioriser les tâches**

Décidez ce qui est urgent (délais pressants) et ce qui est important mais pas urgent. Concentrez-vous sur ce qui est à la fois en haut.

- **Divisez en morceaux**

  Aucune étape ne doit prendre plus d'une heure sans une courte pause entre. Divisez-les en plus petits si nécessaire (comme, vraiment de tout petits morceaux).

- **Planifiez-le**

  Attribuez du temps à chaque tâche dans la journée ; la planification visuelle sur un calendrier aide à éviter la surréservation.

- **Engagez-vous**

  Cochez-les une par une. Ne vous embarrassez pas en réfléchissant trop. Plongez dans chaque tâche, totalement absorbé.

"De petites améliorations quotidiennes sont la clé de résultats à long terme stupéfiants."

Et voilà ! Vous réalisez que suivre cette pratique signifie non seulement terminer les choses, mais aussi vous sentir vraiment reposé à la fin de la journée. La discipline personnelle semble gigantesque, comme si vous deviez être un moine ou une légende pour la suivre - des bêtises, franchement. Cela revient à des actes persistants et petits d'être un peu organisé - vous le gérez complètement. Écartez ces doutes cycliques car honnêtement : Prendre soin de soi en planifiant les activités quotidiennes élimine presque tout le stress périodique. Et n'oubliez pas d'ajouter un peu de gratitude pour ce que vous accomplissez.

Techniques pour Maintenir la Cohérence

Établir une routine pour les activités quotidiennes peut sembler un peu intimidant au début, mais croyez-moi, c'est comme vous offrir une base solide. Pensez-y de cette manière—en créant un emploi du temps, vous dépensez moins d'énergie à décider de ce qui vient ensuite. Au lieu de cela, vous passez simplement d'une activité planifiée à une autre. Un peu comme savoir que vos chaussures préférées sont juste là près de la porte, hein ? Il vous suffit de les attraper et de partir.

Par exemple, commencez par planifier les tâches quotidiennes essentielles : se réveiller, se brosser les dents, faire le lit, et ainsi de suite. Faites-en des rituels non négociables, presque automatiques. Les considérer comme faisant partie de "ce que vous faites" les rend moins pesants et plus comme une habitude qui s'intègre parfaitement dans votre journée. **Astuce de pro : Faites votre lit dès que vous vous levez.** Cela donne le ton dès le début.

Maintenant, saupoudrez-y un peu de technologie—utilisez des rappels et des alarmes pour rester sur la bonne voie. Tout le monde a un téléphone dans sa poche de nos jours, alors pourquoi ne pas le mettre à profit ? Définissez des heures spécifiques pour les activités essentielles—une alarme pour le déjeuner, un rappel pour s'étirer, une sonnerie pour votre séance d'entraînement du soir. Cela vous évite de vous égarer pendant la journée.

Vous avez vraiment du mal à suivre ? Divisez-le en morceaux gérables. Concentrez-vous sur la période du matin jusqu'au midi, en vous récompensant par une pause bien méritée. Parfois, c'est juste réconfortant de savoir qu'il y a une fin en vue, même à court terme.

En parlant de récompenses...récompensez-vous pour avoir suivi le plan ! C'est quelque chose souvent négligé mais tellement crucial. **Le renforcement positif est le carburant de bonheur pour votre**

cerveau. Terminez votre semaine par une récompense, que ce soit un nouveau livre, un repas spécial, ou même quelques minutes supplémentaires d'un passe-temps relaxant. Un simple "Youpi, je l'ai fait !" peut parfois être la meilleure motivation. Une courte citation à garder toujours à l'esprit est :

La plus petite victoire vaut mieux que la plus grande intention.

De petites récompenses incrémentielles tracent des objectifs plus importants en morceaux réalisables. Des petites récompenses régulières peuvent faire des merveilles. Ce sentiment lorsque vous atteignez votre objectif quotidien...imprégnez-vous en, laissez-le nourrir votre engagement.

Résumons –

- **Conseils pour Créer une Routine:**
    - Identifier les tâches quotidiennes essentielles et en faire des habitudes automatiques.
    - Respecter des heures de début et de fin raisonnables.
- **Gagner avec les Rappels:**
    - Alarme du téléphone : "En avant !"
    - Rappels pour des activités spécifiques.
- **Astuce de Pro pour les Récompenses:**
    - Gardez un bocal de récompenses. Planifiez à l'avance toutes les petites attentions d'auto-soin.

Créer une structure aide à intégrer des comportements positifs dans votre routine habituelle. À travers les essais, de petites réussites renforcent votre démarche vers des objectifs plus importants. Des étapes simples, des rappels clairs, et une reconnaissance ici et là...Ce cycle fluide pourrait bien devenir votre nouveau meilleur compagnon ! Le pouvoir de routines tangibles avec des interruptions agréables vous gardera chargé et prêt à avancer. Alors...mettez-les en place, petit à petit, jusqu'à ce qu'ils fassent naturellement partie de votre journée. Ne vous précipitez pas...soyez simplement constant.

Suivi des progrès et ajustements

Vérifier comment les choses se déroulent... cela semble juste du bon sens, n'est-ce pas? Lorsqu'on cherche à atteindre quelque chose d'important, suivre l'évolution de vos progrès vous donne une image claire de ce qui fonctionne et de ce qui ne fonctionne pas. Vous pouvez penser à cela comme l'accordage d'une guitare – quelques petits ajustements peuvent transformer du bruit en une belle musique.

Par exemple, commencez par passer régulièrement en revue vos progrès. Imaginez-vous consacrer du temps chaque semaine pour vous asseoir avec vous-même (peut-être avec une tasse de thé ou de café) et réfléchir. Regardez ce qui a été accompli par rapport à ce qui est encore en attente. Il ne s'agit pas d'être sévère, de telles réflexions mettent souvent en évidence les domaines nécessitant des ajustements sans trop s'énerver. Posez-vous doucement la question : "Cette semaine a-t-elle été productive? Ai-je rencontré des obstacles inattendus?" Cette humble auto-évaluation aide à mettre de l'ordre dans les choses.

Au milieu de ces réflexions, vous pourriez remarquer quelques obstacles. Devinez quoi? C'est un signal que quelque chose ne va pas et nécessite un changement de stratégie. C'est comme quand vous lisez un livre mais ne suivez pas l'histoire; revenir quelques pages en arrière peut aider à comprendre. De même, si une tactique n'a pas fonctionné, remplacez-la par une autre qui vous semble plus naturelle ou qui vous correspond davantage.

Il est également bon de mettre en place des vérifications périodiques. Alors que les examens quotidiens peuvent être trop nombreux et ceux mensuels pourraient être trop espacés, visez quelque chose entre les deux. Toutes les deux semaines semblent équilibrées. Ces petites vérifications maintiennent vos objectifs frais dans votre esprit et ajustent votre focus sans être accablants. S'aligner sur ce que vous avez accompli et noter l'écart par rapport à ce que vous aviez planifié vous aide à rester sur la bonne voie.

Sur le plan pratique... décomposons cela en étapes.

- **Séances d'auto-évaluation**

  Réservez un bloc de temps constant chaque semaine – disons, 30 minutes, pour revoir vos objectifs et réalisations. Posez-vous des questions simples comme : "Mes actions cette semaine m'ont-elles rapproché de mon objectif?" Être aussi honnête éclaire sur l'efficacité.

- **Ajustements de stratégie**

  Une fois que vous avez bien maîtrisé vos réflexions hebdomadaires, la prochaine étape consiste à passer en revue les méthodes. Soyez attentif à ce qui fonctionne. Peut-être réalisez-vous que marcher 20 minutes après le dîner a bien fonctionné, mais se lever tôt pour un jogging... pas tellement? Cette prise de conscience est précieuse. Affinez votre approche là où c'est nécessaire – c'est adapter les stratégies en fonction de ce qui vous convient le mieux.

- **Vérifications bi-hebdomadaires**

  Préparez-vous à ces sessions légèrement plus longues toutes les deux semaines pour examiner le tableau d'ensemble. Si les examens hebdomadaires sont votre boussole, ces tours bi-hebdomadaires sont votre observatoire, orientant des trajectoires plus larges. Ancrez quelques questions comme : "Suis-je sur la bonne voie? Ces petits ajustements font-ils une différence?" Vous voulez que ces réunions équilibrent la réflexion avec la mise à jour stratégique.

- **Utiliser des boucles de rétroaction**

  La création de boucles de rétroaction peut également aider. Si vous gardez une trace pour l'auto-réflexion et le progrès, les ajustements en temps réel deviennent plus simples.

Pensez aux petits suiveurs d'habitudes ou à un journal sur votre table de nuit. Encourager de petites améliorations basées sur de vrais retours garantit un élan constant.

Voici quelque chose à méditer :

"Trouver ce qui fonctionne exige d'accepter que vous pourriez ne pas y arriver du premier coup... continuez à expérimenter jusqu'à ce que vous y parveniez."

Dans l'ensemble, toute méthode appliquée devrait également assaisonner vos réalités. L'objectif principal devrait reposer sur la conscience de soi. L'évaluation régulière et les ajustements dévoilent souvent des voies plus faciles. De plus, ce processus apporte doucement une clarté maximale sur ce que vous faites.

Pensez de manière variable, ajustez patiemment ces petits cordons souvent, et trop tôt, vous pourriez jouer des airs remarquables en poursuivant ces objectifs! La **discipline personnelle** consiste à affiner ces habitudes à chaque pas, et la surveillance ajuste chaque note juste comme il faut.

Exemples de Surmonter les Obstacles

Pensez aux distractions quotidiennes—oh, tu sais de quoi je parle. Téléphones, réseaux sociaux, vidéos de chats drôles qui apparaissent. Tout cela peut dérailler votre progression plus rapidement que tout. Cela peut sembler être une petite perte de temps, mais ces distractions s'accumulent. Il est donc assez crucial de les identifier puis de les éliminer. Imaginez mettre votre téléphone en mode ne pas déranger, ou encore mieux, le mettre dans une autre pièce pendant que vous travaillez. Une autre bonne idée est d'utiliser des applications conçues pour vous aider à rester concentré. Elles éliminent la tentation de vérifier les messages ou les notifications.

Vous pourriez rencontrer des revers, peu importe à quel point vous pensez être préparé. Les plans ne fonctionnent pas toujours, n'est-ce pas ? Quand ils ne le font pas, il est essentiel d'avoir des stratégies pour gérer les revers. Prenez du recul, respirez, et regardez ce qui s'est mal passé—non pas pour vous blâmer, mais pour voir ce qui peut être amélioré pour la prochaine fois. C'est comme un jeu—vous apprenez de meilleures stratégies en comprenant mieux le jeu.

- **Réfléchissez calmement**. Prenez le revers, et regardez-le de manière rationnelle (autant que possible). Y avait-il un point spécifique où les choses ont commencé à vaciller ?
- **Pensez solutions, pas problèmes**. Au lieu de vous concentrer sur l'erreur, concentrez-vous sur la façon de la corriger. Demandez-vous, "Que puis-je faire différemment ?" C'est bien plus constructif.
- **Ecrivez un plan de secours**. Pour à peu près n'importe quel objectif, vous pouvez avoir un plan B prêt à être mis en œuvre. Cela peut transformer ce qui semble être un énorme obstacle en juste un petit accroc sur la route.

Un autre point important—**cherchez du soutien auprès d'amis ou de mentors**. Avoir quelqu'un qui vous soutient peut vraiment changer les choses. Quand les défis deviennent trop grands, parler à quelqu'un qui a le don d'offrir de bons conseils ou une épaule compatissante peut beaucoup aider. Peut-être qu'ils ont traversé des situations similaires et ont des idées utiles. Les mentors, en particulier, peuvent vous guider car ils ont souvent "déjà vécu cela." Juste entendre quelqu'un vous encourager peut booster votre moral plus que vous ne le pensez.

"Ce n'est pas que je suis si intelligent, c'est juste que je reste plus longtemps avec les problèmes."

Cela dit... mettons en lumière quelques étapes spécifiques :

- **Identification** : Reconnaissez qui sont vos sources de soutien. Les amis, la famille, et les mentors sont plus que de simples supporteurs. Ils ont des perspectives et une sagesse qui n'ont pas de prix.
- **Demander de l'Aide** : Ne soyez pas timide pour demander du soutien. Des messages simples comme, "Salut, pouvons-nous discuter ?" ou "J'ai rencontré un obstacle" peuvent ouvrir la porte à des discussions utiles.
- **Application** : Lorsque vous recevez des conseils, ne faites pas que les approuver. Appliquez-les. Vous seriez surpris de voir comment un petit ajustement recommandé par un ami peut avoir de grands impacts.

L'espace pour respirer compte aussi. Rien de mal à se sentir submergé ; cela arrive à tout le monde. Parfois, faire une pause même de 10 minutes pour rassembler vos pensées peut faire des merveilles. Laissez simplement un peu de calme—même juste un peu—pour laisser les solutions venir à vous. Vous constaterez qu'avec une discipline simple, votre quotidien peut être plus fluide.

Enfin, l'attitude globale compte énormément. Il s'agit d'aligner votre mentalité vers la croissance et la patience. Bien sûr, rester concentré et réduire le stress semblent basiques, mais ce sont vos défenses contre les obstacles de chaque jour.

Pour dire les choses franchement—avec ces astuces dans votre manche, surmonter les obstacles peut devenir plus une routine, plutôt qu'une lutte.

Célébrer les petites victoires et les étapes importantes

En matière de discipline personnelle, reconnaître les réalisations, peu importe leur taille, est essentiel. Les petits pas que vous faites chaque jour pour atteindre vos objectifs constituent la base de vos plus grands succès. Que ce soit terminer un entraînement, achever une partie d'un projet, ou même se lever tôt le matin, ce sont vos victoires. Prenez un moment pour les reconnaître. Se féliciter peut sembler insignifiant, mais c'est tellement important pour maintenir l'élan et la motivation. Les petites victoires vous permettent d'avancer.

Envisagez **d'utiliser un système de récompense**. Il n'a pas besoin d'être extravagant; en fait, le simple est souvent meilleur. Avez-vous lu dix pages de ce livre que vous vouliez commencer? Savourez un morceau de votre chocolat préféré. Avez-vous terminé les tâches de la journée? Regardez un épisode de votre émission préférée. En associant ces plaisirs à vos efforts, vous créerez des associations positives avec les accomplissements. C'est tout à propos de vous donner ce coup de pouce supplémentaire pour continuer.

Pensez-y—il est facile de perdre de vue le chemin parcouru. **Réfléchir à vos progrès peut vraiment booster votre confiance.** Tenez un journal, notez les tâches que vous avez accomplies chaque jour. J'ai remarqué qu'en regardant mes notes, en voyant les accomplissements quotidiens rassemblés, cela dessine une image assez impressionnante de progrès. Certes, parfois l'avancée est subtile, mais elle est là. Ces petites victoires s'accumulent et se transforment en étapes plus importantes—coïncidant avec des réussites plus grandes.

Parlons d'une façon pratique d'intégrer cela dans votre vie quotidienne. Voici un **processus étape par étape**.

- **Reconnaître Chaque Réalisation Durant Votre Journée**

    Cela pourrait être aussi simple que, "J'ai traversé la moitié de ma liste de choses à faire aujourd'hui." (Avez-vous bu suffisamment d'eau? Envoyé deux emails de plus?) Remarquez ces moments.

- **Mettre en Place un Système de Récompenses Simple**

   Pensez à de petites récompenses qui vous rendent heureux. (Vous ne vous offrez pas des vacances pour avoir fait la lessive—mais peut-être une pause de 10 minutes avec un bon livre.) Planifiez ces petites récompenses à l'avance pour maintenir votre moral haut.

- **Réfléchir Régulièrement sur Vos Progrès**

   Réservez quelques minutes chaque soir pour réfléchir à ce que vous avez réalisé au cours de la journée. Utilisez un journal ou une application, quelque chose de facile pour noter rapidement vos pensées. Même des points de bulletins peuvent être particulièrement révélateurs. Qu'est-ce qui a fonctionné? De quoi êtes-vous fier aujourd'hui?

- **Célébrer les Grandes Étapes**

   À la fin, vos petites réalisations mèneront à l'achèvement de tâches plus importantes. Célébrez-les avec de plus grandes récompenses—un dîner à l'extérieur, une sortie d'une journée, ou en vous offrant quelque chose que vous désiriez depuis un moment. Reconnaître ces étapes aide à consolider davantage les efforts que vous avez déployés pour les atteindre.

Voici une pensée simple mais profonde à se rappeler pendant ces moments :

"Un voyage de mille kilomètres commence par un seul pas."

Incorporez des affirmations positives parmi vos réflexions quotidiennes—dans de petits commentaires comme "Hey, tu as bien travaillé aujourd'hui," ou "Ce n'était pas facile, mais j'ai réussi." Le dialogue interne positif est crucial; il renforce subtilement votre propre croyance en vos capacités.

En célébrant et en reconnaissant les progrès incrémentiels, **vous créez un cycle de positivité et de motivation**. Chaque mini-célébration, comme des mots gentils envers vous-même, ces moments légers et faciles vous poussent en avant. Le progrès, aussi petit soit-il, est toujours un progrès vous rapprochant de vos objectifs. Chaque pas compte.

Passons à la Pratique !

D'accord, lecteurs, prenez vos ceintures à outils métaphoriques car il est temps de mettre en pratique une auto-discipline positive, avec le Chapitre 8 pour nous guider à chaque étape. Nous allons intégrer cela dans nos routines quotidiennes, renforcer la cohérence, vérifier nos progrès, relever les défis, et nous féliciter (de manière figurative) pour les petites victoires. Prêt ? Mettons-nous au travail.

Étape 1 : Identifier une Tâche Quotidienne à Améliorer

Réfléchissez à vos activités quotidiennes. Y a-t-il quelque chose sur laquelle vous avez du mal à maintenir la discipline ? Cela pourrait être aussi simple que de se réveiller à une heure fixe ou aussi spécifique que de faire votre lit. Choisissez une tâche pratique où vous pensez que l'auto-discipline pourrait vraiment briller. Par exemple, vous décidez de garder votre espace de travail organisé chaque jour.

Étape 2 : Fixer un Petit Objectif Réalisable

Divisez cette tâche en un objectif plus petit et gérable. Envisagez de faire votre lit, cela prend cinq minutes. S'il s'agit d'organiser votre espace de travail, engagez-vous à ranger pendant 10 à 15 minutes à la fin de chaque journée. Nous nous préparons au succès sans nous sentir dépassés.

Étape 3 : Créer une Routine Simple

Intégrez cette tâche dans votre routine quotidienne. Attribuez-lui un moment précis - juste après vous être réveillé ou avant de vous coucher, par exemple. Disons que vous vous engagez à organiser votre espace de travail juste avant le dîner. Associer la tâche à un moment spécifique favorise la cohérence.

Étape 4 : Surveiller Vos Progrès

Tenez un petit carnet, physique ou numérique, où vous notez brièvement chaque jour lorsque vous terminez votre tâche. Quelque chose comme "Espace de travail organisé aujourd'hui" avec la date. C'est un suivi clair et - croyez-moi - voir ces notes consécutives est extrêmement motivant.

Étape 5 : Faire Face et S'Adapter aux Obstacles

Vous rencontrerez des obstacles. Peut-être qu'un soir, vous êtes en retard pour une sortie, et l'organisation de votre espace de travail passe à la trappe. Même les plans les mieux établis peuvent avoir des failles ; ce qui compte, c'est votre réaction. Ne soyez pas dur avec vous-même ; au lieu de cela, reconnaissez que c'est un écart et reprenez le lendemain. Renforcer la volonté implique de comprendre que les écarts se produisent mais l'engagement reste fort.

Étape 6 : Célébrer les Petites Victoires

Chaque fois que vous atteignez 7 jours en maintenant votre plan, faites-vous plaisir. Profitez d'un épisode supplémentaire de votre émission préférée ou accordez-vous cinq minutes supplémentaires pour votre activité de détente préférée. Reconnaître ces accomplissements booste votre moral et se traduit par une motivation accrue.

Étape 7 : Augmenter Progressivement les Enjeux

Lorsque vous atteignez vos petits objectifs avec confiance et que cela devient habituel, envisagez d'élargir ou d'ajouter une autre tâche. Peut-être, après avoir maintenu un espace de travail bien rangé de manière fiable, décidez d'ajouter 5 minutes d'étirement chaque matin. Les mêmes étapes s'appliquent - des objectifs petits et réalisables intégrés dans votre routine.

Bien que cela soit personnel, suivez ce fil conducteur et continuez à ajuster : Ajout d'activités, suivi, surmonter les écarts et vous récompenser. Avec le temps, ces habitudes se renforcent, étendant votre auto-discipline à d'autres aspects de la vie. Chaque progrès vous rend un peu plus fort.

Cette approche pas à pas ne crée pas de changements spectaculaires du jour au lendemain mais se concentre sur votre rythme quotidien, la cohérence, les ajustements mineurs, et apprécier les petites victoires. Ajustez selon vos dynamiques et gardez le parcours gratifiant, remodelant, et un peu motivant.

Chapitre 9 : Obtenir des résultats durables grâce à la discipline

"La discipline est le pont entre les objectifs et la réalisation."

Alors, pourquoi la discipline est-elle si cruciale à long terme ? Réfléchis-y - combien de fois as-tu commencé quelque chose avec enthousiasme, pour finalement perdre de l'élan en cours de route ? C'est là que ce chapitre intervient. Nous explorerons comment **maintenir la motivation** vivante au fil du temps, pratiquer l'amélioration continue (oui, même lorsque cela semble difficile), et équilibrer l'effort avec le repos nécessaire pour le succès à long terme.

As-tu déjà demandé pourquoi certaines personnes semblent toujours obtenir des résultats tandis que d'autres s'essoufflent ? Ce n'est pas seulement une question de travailler dur, mais aussi de travailler intelligemment. **Maintenir la motivation** est un aspect clé. Tu trouveras des conseils pour rester motivé, bien après que l'excitation initiale se soit estompée. De plus, nous parlerons de *Kaizen*, un principe qui divise les tâches gigantesques en petites parties gérables pour une amélioration continue - plutôt sympa, non ?

Mais attends, ce n'est pas que du travail acharné. Nous discuterons de l'art d'équilibrer le **repos et l'effort**, car se brûler ne profite à personne (est-ce que le fait de trop souvent appuyer sur le bouton de répétition de l'alarme te dit quelque chose ?). Un autre point fort ? **L'autodiscipline** - non seulement au travail mais dans tous les domaines de ta vie. Crois-moi, ça en vaut la peine.

Et enfin, la réflexion et la planification t'aideront à tracer les voies de l'avenir. Prêt à transformer ta routine ?

Maintenir la motivation sur le long terme

D'accord, maintenir la motivation sur la durée... ce n'est pas une partie de plaisir, mais c'est certainement faisable avec des stratégies solides. Le truc, c'est de *définir des objectifs clairs et atteignables.* Vous pouvez voir cela comme ayant des cibles spécifiques et tangibles que vous pouvez réellement viser. Lorsque vos objectifs sont vagues ou trop irréalisables, il est facile de perdre de l'élan car vous ne voyez pas la ligne d'arrivée. Par exemple, au lieu de dire "Je veux être en forme", vous pourriez vous fixer un objectif comme "Je veux courir un mile en huit minutes d'ici deux mois." Il y a une grande différence entre ces deux, vous ne trouvez pas?

Suivre les progrès, croyez-le ou non, fait une énorme différence. Vous seriez surpris de voir à quel point il peut être motivant de voir vos propres progrès, même s'ils sont minimes. Un journal, un tableau Excel, même un tableau blanc - n'importe quoi vraiment - peut être utilisé pour enregistrer vos réussites. Prenons par exemple quelqu'un qui apprend à jouer de la guitare. Chaque fois qu'il réussit un accord, c'est du progrès. Le noter quelque part le transforme en une victoire minuscule mais significative. De plus, ces petits journaux vous aident à rester sur la bonne voie, en vous montrant le chemin parcouru.

En parlant de victoires, il est crucial de *célébrer les petites réussites.* Oui, ces petites étapes méritent aussi un peu de lumière. Vous avez réussi à courir un kilomètre sans vous arrêter? Génial! Peut-être que vous pourriez vous offrir votre snack préféré ou un bain relaxant. Se récompenser pour de petits pas rend tout le processus plus gratifiant et moins contraignant.

"Le succès est la somme de petits efforts répétés jour après jour."

Des actions simples et constantes s'accumulent avec le temps, conduisant à des résultats significatifs. (Bien sûr, la constance elle-même est ancrée dans des objectifs clairs et des bilans périodiques).

Il est également normal que la motivation diminue de temps en temps. Ne soyez pas trop dur avec vous-même si une journée difficile se présente. Il s'agit de progresser, pas de chercher la perfection. Manquer une journée dans votre suivi ou dévier temporairement d'un objectif n'est pas la fin du monde. Essayez simplement de ne pas laisser ces lapsus occasionnels se transformer en habitudes. J'avais un ami qui travaillait sur l'écriture d'un roman, et croyez-moi, la clé n'était pas seulement les grands week-ends d'écriture intensive - c'étaient ces petits morceaux d'écriture réguliers faits presque quotidiennement.

Des étapes pratiques existent pour atteindre cette constance:

- **Créez des rappels visibles**

  Affichez des posters, des post-it ou des messages qui vous incitent à rester sur la bonne voie. Un rappel sur votre frigo disant "Tu peux y arriver, un pas à la fois" peut sembler ringard, mais ces indices visibles peuvent vraiment vous aider à rester sur la bonne voie.

- **Rejoignez une communauté ou un groupe de soutien**

  Il peut s'agir d'un club local, d'un forum en ligne, ou simplement d'un groupe d'amis. Partager des objectifs, des progrès, des défis - avoir des personnes pour vous encourager - peut fournir l'encouragement nécessaire. La responsabilité sociale fait des merveilles.

- **Planifiez des bilans réguliers**

Une fois par semaine, ou même par mois, prenez un moment pour faire le point avec vous-même. Réfléchissez à ce qui s'est bien passé, à ce qui ne s'est pas bien passé, et ajustez vos objectifs et stratégies en conséquence. Peut-être que courir tous les jours ne laisse pas assez de temps pour récupérer - ajustez ce plan pour inclure du repos.

Rendez le processus intéressant en essayant de nouvelles approches. Si une méthode ne vous motive pas, peut-être qu'une autre le fera. Remplacez une course matinale par une séance de natation, échangez un objectif d'écriture de 10 pages contre un objectif de nombre de mots, et ainsi de suite.

Comme je l'ai dit, la motivation n'est pas constante. Le but est de mettre en place un système qui maintienne plus souvent en marche ces moteurs de motivation. Parfois, de petits ajustements font la plus grande différence dans la façon dont nous entretenons notre détermination.

Alors accrochez-vous - ces étapes ci-dessus? Ce sont des victoires garanties qui vous aideront à rester motivé.

Adopter l'amélioration continue (Kaizen)

Explorons le concept de mettre en œuvre de petits changements incrémentiels... Ils sont souvent comme planter des graines qui grandissent progressivement pour devenir des arbres imposants. De minuscules ajustements dans les habitudes quotidiennes peuvent conduire à un succès plus durable à long terme. Au lieu d'entreprendre des changements massifs d'un seul coup, ce qui peut sembler accablant, vous pourriez ajuster une chose simple à la fois. Par exemple, essayez de lire dix pages par jour plutôt que de prévoir de finir un livre entier en un week-end. Cela rend non seulement la tâche gérable mais établit également un schéma de cohérence.

Encourager un état d'esprit de croissance est essentiel ici. Pensez-y—l'effort et la persévérance deviennent des pierres de touche plutôt que des obstacles. Un état d'esprit de croissance signifie voir les défis comme des opportunités d'apprendre et de s'améliorer plutôt que des obstacles à éviter. Prenez l'exemple de Jane, qui a d'abord eu du mal avec la prise de parole en public. Au lieu de considérer ses nerfs comme un échec, elle a saisi chaque occasion de parler dans des contextes plus restreints. Elle a vu chaque chance comme un moyen de s'améliorer. Au fil du temps, et avec des petits pas constants, sa confiance a atteint des sommets. Elle a régulièrement examiné ses progrès, noté les domaines à améliorer, et a progressivement élargi sa zone de confort.

Il est également important de continuer à examiner et ajuster les stratégies. Prenez Mark; il voulait augmenter sa productivité au travail. Au début, il a essayé de s'attaquer à ses tâches les plus compliquées en même temps et s'est retrouvé épuisé. Alors, Mark a évalué ce qui fonctionnait et ce qui ne fonctionnait pas. Il a ensuite mis en œuvre un autre petit changement — diviser les tâches en morceaux encore plus petits, en se concentrant sur l'achèvement d'un seul morceau. Grâce à ce processus itératif, Mark a trouvé un équilibre qui a considérablement amélioré son efficacité sans stress.

Petits changements, état d'esprit de croissance—compris. Mais comment décidons-nous des étapes à suivre? Voici une méthode pratique que vous pourriez appliquer :

- **Identifier un Domaine à Améliorer**

    Restreignez-le à quelque chose de spécifique. Au lieu de simplement "être en meilleure santé", concentrez-vous sur un objectif précis comme boire plus d'eau ou faire des promenades quotidiennes.

- **Mettre en Place un Petit Changement**

Pour l'objectif de boire plus d'eau, commencez par un verre d'eau supplémentaire chaque matin. Ou, si ce sont des promenades quotidiennes que vous recherchez, faites une promenade de cinq minutes après le déjeuner. L'objectif est de rendre le changement suffisamment petit pour être réalisable sans changements drastiques dans les routines existantes.

- **Mesurer et Réfléchir**

Établissez une forme de mesure — peut-être un simple journal pour suivre les progrès. Notez combien d'eau vous buvez ou à quelle fréquence vous faites cette promenade.

- **Revoir et Planifier le Prochain Petit Pas**

Après quelques semaines, revoir vos progrès. Vous êtes-vous confortablement adapté au petit changement? Si oui, introduisez un autre petit pas—peut-être ajouterez-vous un autre verre d'eau le soir ou prolongerez-vous votre promenade de cinq minutes supplémentaires.

"Affiner constamment les stratégies aide à rester sur la bonne voie et à s'adapter aux nouveaux défis."

Pour rendre tous ces processus impactants, voici quelques conseils :

- **Être Patient :** Le progrès peut sembler lent, mais de petits pas cohérents donnent souvent lieu à un changement durable.
- **Être Bienveillant envers Vous-même :** Les revers sont inévitables mais au lieu de les considérer comme des échecs, voyez-les comme des opportunités de recalibrage. Chaque petit effort compte.

- **Mélanger et Adapter les Stratégies :** Parfois, combiner de petits changements avec des éléments d'autres méthodes d'amélioration peut considérablement augmenter les résultats. Personnalisez selon ce qui fonctionne le mieux pour vous.

Alors, à mesure que vous avancez avec ce système, gardez la flexibilité à l'esprit. Ajustez lorsque nécessaire et célébrez toujours les petites victoires. La volonté constante de raffiner ces processus est la clé. De petits pas, lorsqu'ils sont appliqués de manière constante, vous mèneront loin—beaucoup plus loin que des efforts sporadiques. Considérez-le comme un voyage continu d'accomplissements en couches, contribuant à un changement durable et impactant.

Équilibrer le Repos et l'Effort pour la Longévité.

Équilibrer le repos et l'effort peut sembler être un conseil basique, mais c'est l'un des piliers pour maintenir une discipline à long terme. Puisque en faire trop peut rapidement mener à l'épuisement, adopter une routine durable avec du repos intégré est essentiel.

Planifier des pauses régulières peut revitaliser la concentration et maintenir la motivation vivante. Pensez-y comme des intervalles pendant la course. Vous avez besoin de segments plus courts, de repos pour reprendre votre souffle, puis une autre course... répétez. Des études (comme la technique Pomodoro) suggèrent de travailler pendant environ 25 minutes, puis de prendre une pause de cinq minutes. Ce schéma aide à maintenir des niveaux d'énergie frais.

Donner la priorité au sommeil et à la récupération est une autre clé. Il est tentant—surtout avec des délais serrés—de fonctionner avec un sommeil minimal, en pensant que vous pouvez "y arriver".

Cependant, cela se retourne souvent contre vous. Moins de sommeil altère le jugement, modifie l'humeur et réduit la productivité. Cela ne signifie pas seulement aller au lit tôt ; il s'agit de qualité de sommeil. Créez une routine apaisante le soir—baissez les lumières, lisez un livre, et évitez les écrans une heure avant d'aller au lit. Des routines simples peuvent améliorer considérablement la qualité du sommeil, et la différence dans les performances quotidiennes sera remarquable.

Équilibrer les efforts nécessite un juste milieu. Trop d'intensité sans pauses n'est pas durable. *Pratiquer la modération* implique de fixer des objectifs atteignables et de les aborder petit à petit. Un piège dans lequel beaucoup tombent est de penser en termes de "tout ou rien"—si on rate un objectif, on pense qu'on a échoué complètement. La discipline ne concerne pas la perfection ; elle concerne la constance et le progrès. Établissez une contribution quotidienne de base qui est gérable, même les jours difficiles. Par exemple, si vous visez à faire de l'exercice et que vous ne pouvez pas caser votre heure habituelle, un étirement de 10 minutes peut être tout aussi efficace pour maintenir l'élan. Garder les choses modérées signifie que vous ne vous surexposez pas et ne perdez pas prématurément l'envie.

L'épuisement... ça s'infiltre. Vous pouvez aimer ce que vous faites jusqu'à ce qu'un jour, vous vous réveilliez en le redoutant. Il est essentiel d'entrelacer des pauses reposantes entre les efforts. Une note personnelle ? Je prenais tellement de projets à la fois, tout excité par l'ambition, que je n'ai pas senti l'odeur de l'épuisement jusqu'à ce que j'étais au milieu des flammes. Leçon apprise—reculez de temps en temps. Laissez votre cerveau se recalibrer.

"On ne peut pas verser de l'eau d'une cruche vide."

Cette citation souligne pourquoi équilibrer le repos avec l'effort est non négociable. Sans repos et récupération, vous vous tarissez, rendant la réalisation de tout objectif semblable à pousser un rocher en haut de la colline.

Considérez ces conseils comme du carburant pour le cerveau—consommé par petites doses, vous maintenant en énergie. Planifiez des moments de pure détente dans votre journée (oui, allouez vraiment du temps)—même s'il s'agit de quelques pauses méditatives de cinq minutes entre les tâches plus longues. Regardez le stress diminuer et la clarté s'intensifier. S'engager dans une routine cognitive (comme les puzzles) associée à des exercices physiques (comme le yoga) crée un script durable.

La vie demande des allocations équilibrées—répartissez vos énergies principalement entre les essentiels et les loisirs. Adoptez tout de manière progressive :

- Identifiez les pics d'adrénaline et les baisses d'énergie dans votre journée.
- Planifiez des activités qui complètent vos rythmes.
- Utilisez des calendriers ou des alarmes (pour rappeler les pauses).

Développer l'autodiscipline implique de reconnaître des besoins authentiques équilibrés par l'effort et un repos suffisant, permettant une réalisation durable.

En interconnectant ces principes de manière dynamique, évitez les baisses qui étouffent la progression. L'effort ne signifie pas immédiat. Les résultats durables se matérialisent avec des méthodes constantes et progressives, préservant toujours votre véritable intention. Approchez délibérément... C'est une patience durable, une constance captivante pour vos résultats qui prend du temps à être cultivée. 🌼

Intégrer l'autodiscipline dans tous les domaines de la vie

Avoir une forte volonté n'est pas seulement quelque chose dont vous avez besoin pour des tâches importantes ou des délais stressants - cela peut influencer chaque partie de votre monde. Laissez-moi vous expliquer ce que je veux dire.

Pensez à la vie personnelle - accomplir des tâches à la maison, être strict envers des choix plus sains, ou s'adonner à un nouveau passe-temps. Avoir cette discipline de se réveiller à la même heure chaque matin, même le week-end, établit des bases solides. Ce sont les petites choses... comme faire votre lit (il existe des preuves suggérant que cela peut même améliorer votre humeur), ou ne pas sauter l'exercice... qui comptent le plus. Essayez de créer une routine matinale.

- **Heure de Réveil**

  Fixez une heure précise pour sortir du lit, et faites de ce moment un rituel sacré. C'est comme créer une ancre mentale pour chaque jour. Pas du matin? Vous pourriez le trouver pénible au début, mais croyez-moi... cela deviendra plus facile.

- **Petite Tâche**

  Commencez votre journée par une action simple, comme faire votre lit. Cette petite tâche procure un sentiment d'accomplissement et met de bonne humeur. Ça ne semble pas grand-chose? Eh bien, c'est quand même une petite victoire dès le début!

- **Temps d'Exercice**

  Choisissez un exercice que vous aimez (ou du moins que vous n'avez pas en horreur), et tenez-vous-y. Soyez bienveillant envers vous-même en vous rappelant que les petits pas comptent. (Aujourd'hui, s'il pleut, contentez-vous d'étirer si vous ne pouvez pas sortir).

Au bureau, la discipline ne se limite pas à produire du travail; il s'agit de maintenir un niveau constant d'excellence, d'équilibrer efficacité et qualité, et de suivre une routine qui maximise la productivité. Cela signifie (et je ne peux pas insister assez là-dessus), planifier, planifier, planifier... aide vraiment.

- **Agenda Quotidien**

   En avoir un! Commencez votre journée en énumérant les principales tâches. Cela vous aidera énormément à rester sur la bonne voie. Considérez cette liste plus comme un guide - parfois des choses surgissent qui ne sont pas sur votre radar.

- **Décomposez-le**

   Les grandes tâches peuvent rapidement devenir des monstres ingérables. Les diviser en petites parties est le sauveur de la santé mentale. Personne ne peut tout terminer en une seule fois.

- **Vérification du Temps**

   Mettez des alarmes si nécessaire. Suivre vos temps alloués vous aide à ne pas dévier. Avant même de vous en rendre compte, votre niveau de productivité augmente naturellement.

Passons à l'aspect social de la vie... Être discipliné ne signifie pas être raide ou ennuyeux, mais c'est tenir ses promesses, arriver à l'heure et permettre à vos amis de savoir qu'ils peuvent compter sur vous. La responsabilité déchire! Que ce soit en répondant rapidement aux messages ou en honorant les rendez-vous, tout est lié.

Un bon truc? Essayez de planifier des vérifications hebdomadaires avec des amis ou de la famille. De la même manière que maman vous a dit de balayer sous ces coins de lit, en tant qu'adulte, les messages ne doivent pas s'accumuler, les attendre vous stressera! Répartir cela en sections plus petites, comme mettre à jour votre meilleur ami chaque mercredi, aide à former des habitudes fructueuses.

Développer des routines cohérentes dans les sphères personnelle, professionnelle et sociale n'est pas envahissant - c'est être constamment une meilleure version de vous-même chaque jour. Il y a une citation qui résume parfaitement cela :

"La distance entre les rêves et la réalité s'appelle l'action."

Choisir cette discipline durable plutôt qu'une mentalité de résultat instantané est crucial. S'améliorer chaque jour - voilà votre objectif (oui, je parierais gros sur le fait que cela modifie la vision de la vie). Établir des objectifs et s'y tenir dans tous les domaines de votre quotidien compte. Ce sont de petits engagements quotidiens envers vous-même, faits et tenus.

En appliquant la responsabilité dans tous les domaines, vous préparez un schéma discipliné pour récolter plus tard des récompenses (et un peu de fierté). ■ Cultiver cette qualité rend la vie plus qu'atteindre un objectif, c'est remplir vos jours d'actions pleines de sens parsemées de petites victoires pour une satisfaction durable. Vos 'résultats' durables suivent - vous n'avez pas besoin d'attendre - la victoire est semée le long de ce chemin discipliné... à chaque pas que vous avez solidifié.

Dans ces mots et concepts, il y a à la fois de la valeur et de la praticité. L'acte de jongler interconnecté de la vie s'améliore plus qu'il ne devient une pratique digne d'augmenter chaque poche de réussite liée à votre marche quotidienne. S'y tenir fermement cultive une vie plus enrichie à venir.

Réflexion et Planification Future

Alors, nous en sommes arrivés à cette partie du processus où il est temps de réfléchir et de faire des plans pour l'avenir, en se concentrant sur la manière dont nous connectons nos forces et nos faiblesses avec nos prochaines étapes... Pensez-y - quand avez-vous pour la dernière fois pris le temps de disséquer vraiment ce dans quoi vous êtes doué et ce qui, franchement, a besoin d'amélioration ? C'est crucial. Une réflexion régulière vous maintient dans une instabilité positive - elle casse les schémas dans lesquels nous sommes trop à l'aise, et c'est là que se trouve la clé du progrès durable.

Surveiller régulièrement ses forces et ses faiblesses n'est pas seulement important - c'est essentiel. Prenez le temps, peut-être chaque mois ou chaque trimestre, d'évaluer comment vous avez performé. Y a-t-il des schémas constants dans ce que vous faites bien ? De même, y a-t-il des domaines où vous rencontrez régulièrement des défis ? Une façon utile de faire cela est de tenir un journal. Notez ce qui vous a semblé difficile, ce qui est venu sans effort, ce qui vous a excité et ce qui vous a ennuyé à mourir. Avec le temps, vous verrez émerger des tendances.

Maintenant, marions cette réflexion avec une action future. Pensez à quand vous appreniez à faire du vélo. Vous êtes probablement tombé quelques fois...dizaines de fois avant de réussir enfin, de vous relever (peut-être en criant "Je l'ai fait !"), et de pédaler comme le vent. Fixez des objectifs futurs avec le même état d'esprit. "Ok, qu'est-ce qui a fonctionné, qu'est-ce qui n'a pas fonctionné, et comment je veux évoluer ?" devient le mantra quotidien. Cela ne signifie pas que vous réussirez parfaitement à chaque fois, mais analyser vos performances passées vous donne des données - des informations puissantes !

Élaborer un plan d'action est là où la magie opère. C'est comme planter des graines (mais nous ne parlons pas de plantes ici) - l'objectif est de continuer à croître. Divisez les grands objectifs en petites tâches faciles à accomplir. Cela paraît plus simple et moins écrasant. Par exemple, si vous visez à vous améliorer en matière de prise de parole en public - ne visez pas directement un grand événement. Commencez par des discussions en petit groupe, puis peut-être avec une équipe plus grande, en augmentant progressivement votre niveau de confort.

Voici une manière pratique de procéder :

Étape 1 : Évaluez Vos Performances Régulièrement

- Tenez un journal pour noter ce qui a été difficile ou facile.
- Identifiez les schémas constants dans les tâches, les émotions ou les résultats.

Étape 2 : Fixez des Objectifs Basés sur Votre Analyse

- Utilisez les notes de performance pour définir des objectifs spécifiques et atteignables.
- Priorisez en fonction de vos propres sentiments d'excitation et de difficulté.

Étape 3 : Créez des Plans d'Action en Petites Étapes pour la Croissance

- Divisez les objectifs en tâches plus petites - les petites victoires renforcent le moral.
- Assurez-vous que chaque tâche est limitée dans le temps pour vous tenir responsable.

Par exemple, quelqu'un réalise qu'il évite toujours les tâches difficiles jusqu'à la deadline. Un objectif pourrait être d'améliorer sa gestion du temps, et un plan d'action consisterait à fixer des mini-échéances tout au long de la semaine. La croissance vient alors du respect constant de ces mini-échéances, de l'apprentissage en cours de route, et des ajustements nécessaires.

Soulignons l'importance de faire tout cela régulièrement. Sans une réflexion et une planification constantes, c'est comme errer dans un épais brouillard. Comme le titre le suggère, **"La gestion efficace de l'évaluation des tâches et de la réflexion... est le secret d'une amélioration et d'une croissance durables !"** Amusez-vous cependant ! La réflexion peut sembler intimidante et sérieuse, mais elle n'a pas besoin de l'être si elle est intégrée de manière complète et cohérente dans votre vie quotidienne.

Alors, prenez ce journal, commencez à noter et à évaluer, fixez des objectifs atteignables basés sur vos évaluations, créez des étapes réalisables, et voyons comment vous pouvez construire un élan planétaire irrésistible... petit à petit.

Passons à la pratique !

Et nous y voilà... plongeons directement dans la beauté de la vie disciplinée ! Dans cet exercice, nous suivons une approche étape par étape pour mettre en œuvre tout ce qui est enseigné dans le chapitre 9 de notre charmant livre, "Le Pouvoir de la Discipline Personnelle Positive". Notre mission ? Assurer des résultats durables en maîtrisant l'autodiscipline dans votre vie quotidienne. Prêt à commencer ? C'est parti !

Établir des motivations à long terme

Pensez à ce qui allume réellement votre esprit - ces grands rêves qui font briller vos yeux. Notez ces objectifs à long terme. Réfléchissez-y ; demandez-vous, "Pourquoi est-ce que je veux cela ?" Par exemple, si votre objectif est de courir un marathon, notez les raisons pour lesquelles, comme améliorer la santé, développer l'endurance, ou même collecter des fonds pour une œuvre de charité. **Le fait de l'écrire approfondit votre engagement.**

Mettre en œuvre le Kaizen

Adoptez la méthode d'amélioration continue... c'est ça, nous parlons de Kaizen ici. Pour votre objectif de marathon, commencez par incorporer des changements modestes et progressifs dans votre routine. Cela pourrait signifier commencer par un jogging d'un demi-mile trois fois par semaine. Suivez vos progrès ! Pour chaque petit succès, célébrez un peu - peut-être en vous récompensant avec une heure supplémentaire d'une émission de télévision que vous aimez. De petits changements au fil du temps s'accumulent en de magnifiques transformations.

Trouver l'équilibre : Repos et Effort

L'équilibre est un héros méconnu. Vous travaillez dur pour ce marathon, mais votre repos est tout aussi crucial. Planifiez des jours de repos pour éviter l'épuisement - pensez à la récupération musculaire, à la revitalisation mentale et au maintien d'une routine réalisable. Il est bon de se détendre en lisant un livre ou en regardant un film de temps en temps. S'attarder dans un café avec un ami est également bénéfique pour l'âme. Et croyez-moi, vos jambes (et votre esprit) vous en seront reconnaissants.

La Discipline dans Tous les Domaines de la Vie

La cohérence est votre pain et votre beurre... répartissons ce beurre aussi uniformément que possible dans tous les domaines de votre vie. Commencez par planifier des moments réguliers pour les activités pertinentes à votre objectif. Supposez que vous souhaitez apprendre à jouer de la guitare tout en vous entraînant pour le marathon ? Génial ! Consacrez une heure spécifique uniquement à la pratique de la musique chaque semaine et tenez-vous religieusement à cela. Cette habitude instaure la discipline partout, vous transformant en une puissance de productivité.

Séance de Réflexion

Attrapez ce journal ou ouvrez un nouveau document sur votre appareil. Il est temps pour une réflexion sincère et sincère. Chaque semaine, notez ce qui fonctionne et ce qui ne fonctionne pas. Avez-vous atteint vos objectifs de course ? Si oui, comment vous sentiez-vous ? (Oui, vantez-vous un peu !) Si non, soyez gentil avec vous-même et identifiez pourquoi. La planification future se déroule ici - déterminez quels ajustements sont nécessaires dans votre plan. Triez cela comme si vous discutiez avec un ami... seulement, cet ami est vous-même de la semaine dernière.

Exemple de réflexion : "Cette semaine, j'ai couru trois fois mais j'ai sauté le jeudi car j'ai participé à un dîner de semaine avec des amis. J'ai adoré chaque instant pourtant. Pour la semaine prochaine, je déplacerai mon jour de repos au jeudi et essayerai une course en soirée avant de me faire plaisir."

Visualiser le Succès Futur

Mettez ces cerveaux créatifs au travail ! Imaginez le résultat final réussi de vos objectifs avec des habitudes disciplinées intégrées dans votre routine quotidienne. Voyez-vous franchir la ligne d'arrivée du marathon, imaginez les applaudissements et savourez cette victoire future. Peignez une image mentale vivide mais avec des teintes réalistes.

Exemple : Envisagez non seulement la gloire de la finition mais aussi les moments difficiles que vous avez surmontés en cours de route. Les vraies victoires sont celles durement gagnées à travers la persévérance et les efforts.

Célébrer les Jalons

Après tout ce travail acharné, de petites célébrations vous maintiennent motivé. Avez-vous terminé votre plus longue course à ce jour ? Accordez-vous ce gâteau préféré ensuite (je prendrai le croissant, s'il vous plaît !). Avez-vous respecté votre programme de guitare ? Regardez ce film sans culpabilité.

Félicitez-vous - non, sérieusement, faites-le ! La discipline mérite une reconnaissance.

Vous suivez avec enthousiasme notre manuel pratique pour des résultats durables grâce à la discipline ? Parfait ! Vous y êtes... un chemin fluide, pratique et sans jargon pour mettre en pratique les compétences acquises dans le chapitre 9. Comblez chaque instant d'efforts sincères soutenus par une discipline quotidienne et une touche de patience, et vous ne survivrez pas, mais vous prospérerez absolument.

C'est parti ! Vous êtes en bonne voie pour atteindre ces résultats durables.

Conclusion

"L'autodiscipline commence par la maîtrise de vos pensées. Si vous ne contrôlez pas ce que vous pensez, vous ne pouvez pas contrôler ce que vous faites." - Napoléon Hill.

Nous voilà donc arrivés à la fin de ce livre, le **voyage** à travers Le Pouvoir de la Discipline Personnelle Positive. *Vous sentez-vous inspiré ?* Résumons tout cela et vous laissons prêt à affronter le monde avec vos nouvelles compétences.

Depuis le début, nous avons découvert la science derrière la discipline personnelle positive. Nous avons commencé par explorer la discipline positive, ses bases biologiques, et comment la volonté fonctionne dans notre cerveau. Ce qui est fascinant, c'est comment les émotions jouent un rôle important dans notre capacité à rester discipliné. La discipline positive ne nous aide pas seulement à atteindre nos objectifs, mais elle bénéficie également grandement à notre santé mentale. C'est comme empiler des briques pour construire une forteresse, solide et utile.

En passant à la compréhension du changement, nous avons exploré comment conquérir le biais qui nous maintient ancrés dans nos zones de confort et identifié des moyens de surmonter la peur d'avancer. Avec de la résilience et de la pensée positive, vous avez appris le pouvoir des changements de mentalité et créé votre propre vision de croissance personnelle, comme peindre un chef-d'œuvre un coup de pinceau à la fois.

Ah, la force mentale ! Cette partie était cruciale. Nous avons découvert ce que signifie vraiment la force mentale et comment la renforcer. La concentration, les fonctions exécutives, la flexibilité cognitive et le contrôle de l'impulsion sont des piliers fondamentaux. Imaginez-les comme des outils tranchants que vous avez ajoutés à votre boîte à outils, chacun servant un but spécifique et vital.

Nous n'en sommes pas restés là - fixer des objectifs avec intention, développer des habitudes productives, comprendre les objectifs SMART, la visualisation et les routines ont tous ajouté des couches à notre structure. Ces outils sont vos cartes, vous guidant pour traverser les collines et les vallées alors que vous avancez.

Dans la section d'application pratique, qui pourrait oublier les techniques de gestion du temps ? Le Pomodoro, le blocage du temps et la Matrice d'Eisenhower servent tous à maximiser vos heures. Le travail en profondeur et de petits changements de routine, comme la Règle des Deux Minutes, offrent des voies pour des journées efficaces et productives.

Enfin, atteindre des résultats durables grâce à une pratique constante - n'est-ce pas ce que nous visons tous ? La motivation durable, le kaizen, l'équilibre entre le travail et le repos, et l'intégration de la discipline dans divers domaines de la vie complètent votre boîte à outils.

Votre dernière étape ? *Appliquez.* Prenez ce que vous avez lu, ce que vous avez appris, et pratiquez-le quotidiennement. Il s'agit de prendre ces idées et de les incorporer dans votre rythme de vie. L'autodiscipline peut vous servir comme rien d'autre, s'étendant à chaque coin de votre monde.

Voici une pensée personnelle - maîtriser l'autodiscipline donne l'impression de débloquer une force cachée que vous avez toujours possédée mais que vous ne connaissiez pas. Allez de l'avant avec confiance et laissez ces techniques façonner votre présent et votre avenir. Il est temps d'agir et de découvrir des possibilités infinies...

Votre meilleure vie vous attend. Saisissons-la !

Un avis serait utile !

En soutenant un auteur indépendant, vous soutenez un rêve.

Si vous êtes satisfait, veuillez laisser un feedback honnête en suivant ces étapes :

- **Cliquez** sur le lien ci-dessous
- **Sélectionnez** la couverture du livre que vous avez acheté
- **Cliquez** sur Avis
- **Soumettez**

Si vous avez des suggestions d'amélioration, veuillez envoyer un e-mail aux contacts que vous pouvez trouver sur le lien ci-dessous.

Alternativement, vous pouvez **scanner le QR code** et trouver le lien après avoir sélectionné votre livre.

Cela ne prend que quelques secondes, mais votre voix a un impact énorme.

Visitez ce lien pour laisser un feedback :

https://pxl.to/LoganMind

Rejoignez mon équipe de critique !

Merci d'avoir lu mon livre ! Votre temps et votre intérêt signifient beaucoup pour moi. Je serais ravi de vous inviter à faire partie de mon **équipe de critique**. Vos commentaires honnêtes seraient incroyablement précieux, et en prime, vous recevrez gratuitement une copie de tous les nouveaux livres que je publie.

Suivez ces étapes simples pour rejoindre l'équipe ARC :

- Cliquez sur le lien ou scannez le code QR.
- Cliquez sur la couverture du livre sur la page qui s'ouvre.
- Cliquez sur "Rejoindre l'équipe de critique".
- Inscrivez-vous sur **BookSprout**.
- Soyez notifié à chaque fois que je publie un nouveau livre.

Découvrez l'équipe ici :

https://pxl.to/LoganMind